AF554522

NOTICE

SUR

ADRIEN DE LONGPÉRIER,

ASSOCIÉ DE L'ACADÉMIE ROYALE DE BELGIQUE;

PAR

J. DE WITTE,

Membre de l'Académie royale des Sciences, des Lettres et des Beaux-Arts de Belgique.

BRUXELLES,

F. HAYEZ, IMPRIMEUR DE L'ACADÉMIE ROYALE,

RUE DE LOUVAIN, 108.

1884

NOTICE

SUR

ADRIEN DE LONGPÉRIER,

ASSOCIÉ DE L'ACADÉMIE.

Extrait de l'*Annuaire de l'Académie royale de Belgique*,
cinquantième année, 1884.

NOTICE

SUR

ADRIEN DE LONGPÉRIER,

ASSOCIÉ DE L'ACADÉMIE ROYALE DE BELGIQUE;

PAR

J. DE WITTE,

Membre de l'Académie royale des Sciences, des Lettres et des Beaux-Arts de Belgique.

BRUXELLES,

F. HAYEZ, IMPRIMEUR DE L'ACADÉMIE ROYALE,

RUE DE LOUVAIN, 108.

1884

adrien de Longpérier

ADRIEN DE LONGPÉRIER,

ASSOCIÉ DE L'ACADÉMIE,

né à Paris le 21 septembre 1816, mort dans la même ville le 14 janvier 1882 (1).

Il n'est pas facile de rendre compte de la vie et des travaux d'un homme tel qu'était l'illustre archéologue que la science a perdu. Les difficultés semblent augmenter, quand on a

(1) Outre les documents qui m'ont été fournis par la famille, j'ai consulté pour la rédaction de cette notice :

1° Les discours prononcés aux funérailles de Longpérier, le 17 janvier 1882, par MM. Girard, président de l'Académie des inscriptions et belles-lettres, Alfred Maury et Georges Perrot, membres de la même Académie ;

2° F. Lenormant, *Notice sur M. A. de Longpérier*, avec un portrait ;

3° Gustave Schlumberger, *Notice sur la vie et les travaux de M. Adrien de Longpérier ;*

4° Vincenzo Promis, *Adriano de Longpérier, extr. des Actes de l'Académie royale des sciences de Turin*, tome XVII ;

5° Florian Vallentin, *Bulletin épigraphique de la Gaule*, mars-avril 1882, pp. 96 et suiv.;

6° *Polybiblion*, février 1882, p. 172 ;

7° *Bulletin critique de littérature, d'histoire et de théologie*, 1er février 1882, pp. 360 et suiv. (article de M. l'abbé Thédenat).

Un grand nombre de journaux ont consacré des articles à Long-

vécu dans des rapports intimes avec ce savant et qu'on a eu le privilège de pouvoir apprécier, pendant nombre d'années, les dons extraordinaires que la nature avait accordés à ce merveilleux esprit, si admirable par sa prodigieuse mémoire et par son immense érudition.

Nécessairement, après les excellentes notices qui ont été publiées, je serai obligé de répéter ici bien des choses qui sont connues.

Henri-Adrien Prévost de Longpérier naquit à Paris le 21 septembre 1816; son père qui, avant 1848, pendant plusieurs années occupa la mairie de Meaux, appartenait à une des plus anciennes et des plus honorables familles de cette ville.

« Tout jeune encore, dit M. F. Lenormant, avant même » d'avoir terminé ses études classiques qu'il fit tout entières » sous la direction de son père, sans passer par aucun col- » lège ni aucune institution, il montra le goût le plus vif et » les aptitudes les plus remarquables pour l'étude des anti- » quités en général, et pour celle de la numismatique en » particulier. » En effet, « la numismatique est le prélimi- » naire indispensable et comme la base de toute étude rela- » tive aux anciens temps. Il est incontestable qu'elle fournit

périer; je citerai entre autres *Le Parlement*, nos des 31 janvier et 1er février 1882 (article de M. F. Lenormant); Le *Journal des Débats*, no du 21 janvier (article de M. Ph. Berger); Le *Français*, no du 16 janvier (article de M. E. Récamier); Le *Journal officiel*, no du 23 janvier (article de M. Ferdinand Delaunay); *Le Temps*, nos des 15 et 18 janvier; *Le Figaro*, nos des 15 et 17 janvier; La *Gazette de France*, no du 16 janvier; *Le Clairon*, no du 15 janvier; *Le Télégraphe*, no du 16 janvier; *La République française*, no du 17 janvier; Le *Journal d'Anvers*, no du 27 janvier, etc., etc.

» sur la chronologie, l'iconographie et l'histoire des religions
» des données d'une sûreté incomparable; cette science jette
» un jour nouveau sur la géographie et sur les faits histori-
» ques; il est encore vrai qu'on y puise mille renseignements
» sur les institutions, les costumes, la langue, l'architecture
» des peuples antiques; enfin, on ne saurait concevoir, sans
» y avoir recours, d'idées exactes sur les arts. Il n'est pas de
» connaissance qui procure plus de notions justes, en fait de
» style, que la numismatique; car, dans les monnaies, l'œuvre
» de l'artiste apparaît toujours inhérente à la date et au lieu
» d'origine (1). »

Je viens de dire que le père d'Adrien s'était seul chargé de l'éducation de son fils; c'était un homme de cœur qui avait fait d'excellentes études, qui cultivait la poésie et qui était versé dans la connaissance des littératures étrangères.

A l'âge de 14 ans, Adrien avait déjà rassemblé une collection de médailles qu'il étudiait avec soin, et le classement de ces pièces, le déchiffrement de leurs légendes, exigeant des recherches de toute nature, le jeune homme s'appliquait à connaître les personnages de l'histoire, à approfondir la chronologie et à apprendre la géographie de l'antiquité et du moyen âge. Il dut en même temps s'appliquer à bien connaître les langues anciennes, le grec et le latin. Mais ses parents et lui-même ne se doutaient pas que ces recherches et ces études qui ne semblaient être qu'un simple passe-temps, deviendraient un jour le but de sa vie tout entière.

Le 18 mai 1836, après avoir été attaché pendant six mois au département des imprimés, Longpérier, à l'âge de dix-neuf ans, entra comme surnuméraire au Cabinet des médailles de

(1) *Revue numismatique*, 1856, pp. 1 et suiv.

la Bibliothèque royale ; le 15 juin 1842, à la mort de Dumersan, il fut nommé premier employé. Travailleur actif, il sut mettre à profit, sous l'habile direction et la forte discipline de Letronne d'abord, de Charles Lenormant ensuite, les ressources que lui offrait ce grand dépôt scientifique.

Ainsi à un âge où d'ordinaire l'homme ne connaît encore que les éléments, Longpérier avait déjà acquis des connaissances profondes, surtout en numismatique. Ses chefs s'en aperçurent bientôt et le jeune employé, par son savoir sûr et brillant, conquit en peu de temps une place à part au Cabinet des médailles.

En se livrant à une étude assidue des collections au milieu desquelles il passait sa vie, il chercha encore à connaître les autres collections publiques de l'Europe et surtout celles du Musée britannique, sans négliger les cabinets particuliers qui étaient alors nombreux et riches à Paris.

M. Alfred Maury, dans le discours prononcé le 17 janvier 1882 aux funérailles de Longpérier, s'est beaucoup étendu sur la jeunesse de son confrère et ami qu'il connaissait dès sa première enfance. Quant à moi, lié depuis près d'un demi-siècle avec Adrien de Longpérier par la plus étroite et la plus cordiale amitié, ayant les mêmes goûts, voué aux mêmes études et aux mêmes recherches, j'ai été à même, plus qu'un autre, d'apprécier ses rares qualités, les charmes de son esprit si fin et si délicat, ses vastes connaissances, la sûreté de son coup d'œil, et un don rare qui lui était particulier, je veux dire cette intuition qui lui permettait, dès le premier moment, de décider de l'authenticité, de l'origine et de l'âge d'un objet d'art, de quelque genre que ce fût.

Longpérier connaissait aussi bien les monuments grecs et romains que ceux de l'Orient, du moyen âge et de la Renaissance ; « il aimait passionnément le beau sous toutes ses » formes et dans toutes ses manifestations (1). » Et comme l'a dit M. Girard : « une étude approfondie de la numis- » matique..... avait conduit Longpérier à une connaissance » universelle de l'archéologie L'épigraphie, la sculpture, la » céramique, la glyptique, en général tous les arts de l'an- » tiquité, du moyen âge et de la Renaissance entrèrent dans » le cercle de ses recherches. » On le reconnaissait parmi les savants de notre époque « comme le maître incontesté » de la science archéologique (2). » Il était consulté par tous les savants, par tous les amateurs. Son jugement était accepté partout avec une confiance illimitée. Né artiste, il savait dessiner avec une grande habileté. En outre, il avait cherché à se rendre compte des divers procédés employés par les anciens dans l'exécution de leurs œuvres d'art, et personne, si ce n'est le duc de Luynes, n'a mieux connu toutes les questions qui se rapportent à la technologie (3).

Après avoir publié des articles remarquables dans plusieurs recueils scientifiques et surtout dans la *Revue numismatique*, il dirigea son attention sur la numismatique orientale : il choisit pour sujet de ses recherches les monnaies frappées par les anciens rois de Perse, et pour se mettre en état d'aborder la rude tâche qu'il s'imposait, il chercha à connaître les idiomes jadis en usage dans les contrées dont il voulait classer et expliquer les monnaies. Guidé par les conseils de l'habile orientaliste Reinaud, il apprit l'arabe qu'il parvint à parler

(1) F. Lenormant.
(2) F. Lenormant.
(3) F. Lenormant.

avec une certaine aisance, et il étudia l'hébreu, le persan et le turc (1).

Son essai sur les monnaies des rois de Perse de la dynastie Sassanide, imprimé en 1840, fut couronné par l'Académie des inscriptions et belles-lettres; ce travail difficile et ardu commença la réputation du jeune archéologue. Silvestre de Sacy, dans un de ses plus beaux mémoires, composé en plein 1793, avait essayé de classer les monnaies des Sassanides, et depuis ce temps, aucun savant ne s'était occupé de cette question, ni du déchiffrement des légendes en langue pehlevie, qui sont gravées sur ces monnaies.

Il parvint ainsi à fixer le monnayage de ces rois à commencer par Ardeschir Ier, le fondateur de la dynastie, jusqu'à Yezdegerd qui succomba dans sa lutte contre l'invasion des Musulmans (2). Cette étude a été poursuivie depuis, et poussée plus loin par les travaux d'Olshausen, de Mordtmann et d'Edwards Thomas (3).

Quelques années après, en 1853, il consacra un travail à la dynastie des rois perses Arsacides (*Mémoires sur la chronologie et l'iconographie des rois Parthes Arsacides*, un volume in-4° avec 18 planches) (4). Malheureusement ces recherches, qui furent aussi couronnées par l'Institut, ne furent jamais terminées.

Son travail sur les drachmes des derniers rois de cette dynastie, imprimé dans la *Revue numismatique* (1841), fait

(1) Alfred Maury.

(2) Voir le compte rendu de cet ouvrage, dans la *Revue numismatique*, 1841, pp. 58 et suiv.

(3) F. Lenormant.

(4) L'édition définitive avec les 18 planches a paru, en 1882, chez Leroux, libraire-éditeur, 28, rue Bonaparte.

époque dans ce monnayage, et doit, avec les deux livres dont je viens de parler, servir de base aux recherches ultérieures (1).

Je citerai encore ici en fait de travaux sur la numismatique orientale, son article sur les monnaies des rois d'Éthiopie (*Revue numismatique*, 1868, pp. 28 et suiv.), et son examen critique de l'ouvrage de M. G. Schlumberger sur le trésor de Sañà (monnaies Himyaritiques), dans le *Journal des Savants*, janvier 1881, pp. 42 et suiv.

La numismatique arabe fut aussi l'objet des études et des recherches de Longpérier. Il avait eu le projet de faire un grand ouvrage sur les monnaies musulmanes de l'Espagne, et il avait fait plusieurs voyages pour en recueillir les matériaux. Mais diverses circonstances et d'autres travaux ne lui permirent pas de mettre à exécution ce projet. Le public n'en a connu qu'un programme où le plan méthodique était supérieurement tracé, à tel point, ajoute M. F. Lenormant, « qu'un » autre n'aurait plus aujourd'hui qu'à en remplir les cadres » sans s'en écarter et où un certain nombre de pièces capi» tales au point de vue historique étaient publiées pour la » première fois (2). »

Du reste, Longpérier a publié un grand nombre de dissertations sur les monuments arabes, vases, miroirs, inscriptions, etc.

Il s'intéressait aussi beaucoup aux antiquités hébraïques et à toutes les questions, encore bien obscures, se rapportant aux Juifs d'Occident au moyen âge (3).

(1) F. Lenormant.

(2) Cf. *Œuvres de Longpérier*, t. I, p. 417.

(3) M. G. Schlumberger est entré dans des détails intéressants sur ces travaux.

Quant à la numismatique française, Longpérier a publié deux catalogues importants, celui de la collection Dassy en 1840 et celui de la collection Rousseau en 1847. Jusqu'à cette époque, on n'avait rien écrit sur les monnaies mérovingiennes et carlovingiennes, depuis le livre de Le Blanc publié sous le règne de Louis XIV (Paris, 1690). Longpérier renouvela l'étude de ces premières périodes de la monnaie française; il lui donna enfin des bases critiques en rapport avec les conditions de la science contemporaine. « S'il ne » parvint pas à en résoudre définitivement du premier coup » tous les difficiles problèmes, il les posa du moins avec » une admirable précision et en groupa les principaux élé- » ments (1). »

Le catalogue de la collection Rousseau fut couronné par l'Académie des inscriptions et belles-lettres.

La première société savante qui sut apprécier le rare mérite de Longpérier fut la Société des Antiquaires de France, qui l'élut membre résidant le 9 avril 1838; il avait à peine 21 ans. Il assistait régulièrement aux réunions jusqu'au moment où il donna sa démission de conservateur des antiques au Musée du Louvre en 1870, époque où, au grand regret de ses confrères, il ne reparut plus aux séances qu'il savait animer par ses observations fines et spirituelles et par des communications variées et pleines d'intérêt.

Longpérier resta environ douze ans au Cabinet des médailles, auquel il rendit de grands services et où il était aimé et apprécié par ses chefs et par ses collègues. Sa réputation allait toujours en grandissant et le 27 février 1847, après la mort du comte de Clarac, il fut nommé conservateur

(1) F. Lenormant.

des antiques au Musée du Louvre, poste qu'il occupa pendant vingt-trois ans. Il introduisit dans les diverses collections de ce vaste Musée un ordre qui n'existait pas avant lui, distingua les séries, les classa et en ouvrit quelques nouvelles. C'est à lui qu'on doit la création du Musée américain, dont il publia le catalogue en 1850 (1). Il eut le premier l'heureuse idée de former, dans le Musée de sculpture, une collection à part des œuvres de l'art grec des grands siècles, et de les séparer des marbres de l'époque romaine. C'est lui aussi qui a organisé la salle des bronzes et le catalogue qu'il a donné d'une partie de cette collection, comme dit avec raison M. F. Lenormant, « est un véritable modèle de classe-» ment, de méthode et d'érudition aussi sobre que sûre. »

« Il vivait au milieu de son Musée comme on vit au milieu » des siens; il le visitait sans cesse pour en connaître dans » les moindres détails toutes les parties; il se montrait aussi » jaloux de la bonne tenue que de la bonne renommée de » ses monuments (2). »

Longpérier avait impitoyablement écarté des galeries du Louvre, malgré les plus vives sollicitations, tous les objets suspects, tout ce qui présentait une authenticité douteuse. « Et le sentiment exquis qu'il avait de la manière, du style » de chaque époque, de chaque école, lui faisait à première » vue discerner le faux ou l'imité, démasquer une restau-» ration, une fraude quelque adroitement qu'elle eût été » ménagée. Sur ce terrain, il ne transigeait pas. Aucune con-» sidération n'aurait pu lui faire admettre un monument qui » eût déparé, par une origine controuvée, la collection dont

(1) Ce catalogue eut une seconde édition en 1852.

(2) Alfred Maury.

» il avait la responsabilité (1). » M. Maury ajoute, et je le répète ici avec un vrai sentiment de plaisir, car on ne saurait trop insister sur ce point : « Il mettait avec raison la probité » scientifique au premier rang des vertus de l'antiquaire, » car elle en sauvegarde l'autorité. Il froissa sans doute plus » d'une fois des amours-propres et des intérêts privés, mais, » disons-le bien haut, il donna l'exemple d'une intégrité » sans tache, d'un désintéressement constant. Ce purita- » nisme archéologique était si bien chez lui affaire de con- » science, si peu mauvais vouloir, qu'il se montrait plein » d'aménité et d'obligeance pour les sérieux amis de la » science qui sollicitaient ses avis. »

Mais ce n'est pas seulement comme conservateur des antiques au Louvre qu'il se montrait impitoyable pour les monuments apocryphes; toute sa vie il se fit un devoir de dénoncer et de condamner les fraudes et les falsifications et de faire la guerre aux faux savants, qu'il considérait avec raison comme des fléaux et de dangereux destructeurs.

Le Louvre venait de recevoir une collection de monuments assyriens découverts à Khorsabad par Botta, monuments complètement inconnus en France. Ce fut Longpérier qui fut chargé de ranger ces précieux débris venus des contrées qu'arrosent l'Euphrate et le Tigre, dans des salles spéciales, préparées à cet effet. Il s'acquitta de ce soin avec son intelligence habituelle et se mit à étudier les curieuses représentations qu'offrent ces monuments, et à les comparer avec celles des cylindres; il s'attacha aussi à lire les caractères cunéiformes employés dans les inscriptions. Il parvint ainsi à distinguer, ou plutôt à deviner avec une prodigieuse

(1) Alfred Maury.

pénétration, comme dit M. Maury, le nom du roi Sargon qui régnait à Ninive au VIIIe siècle avant notre ère. Ce nom est gravé entre les jambes d'un des taureaux à face humaine conservés au Louvre. Par cette lecture, il détermina la date ainsi que l'origine de toute une classe de monuments sur lesquels on n'avait encore avancé que des hypothèses sans fondement. Il ouvrit ainsi la voie à ceux qui devaient dans la suite pousser plus loin le déchiffrement des inscriptions en caractères cunéiformes.

En 1848, il publia une savante notice des monuments assyriens du Musée du Louvre, notice qui eut plusieurs éditions.

Ce catalogue est justement admiré, malgré les lacunes qu'on y trouve et qui étaient inévitables, eu égard à l'état alors peu avancé des études assyriologiques.

Le vendredi 26 mai 1854, Longpérier fut élu membre de l'Institut, Académie des inscriptions et belles-lettres (1). Il y acquit bientôt ainsi que dans tout l'Institut une autorité des plus grandes et des mieux justifiées. Il y occupait, à cause de ses connaissances variées, une place particulière.

(1) Voici par ordre chronologique les principaux titres académiques d'Adrien de Longpérier :

Membre de la Société des Antiquaires de France, 9 avril 1838; président, 1851.

Membre honoraire de la Société des Antiquaires de Londres, 19 janvier 1843.

Membre de l'Institut de correspondance archéologique de Rome, 9 décembre 1846. Il avait été nommé correspondant dès le 15 octobre 1840.

Membre de l'Institut de France (Académie des inscriptions et belles-lettres), 26 mai 1854; président, 1867.

Correspondant de la Société *Der Verein zur Erforschung*

« Nul ne savait mieux que lui donner de la vie aux séances » par des observations ingénieuses et savantes sur les com- » munications qui étaient faites à la compagnie. Quel que » fût le sujet de ces communications, il s'y intéressait, les » écoutait avec attention et savait les apprécier heureuse- » ment. Dans toutes les discussions, sa parole, facile et élé-

rheinischer Geschichte und Alterthümer (Mayence), 27 août 1851.

Associé de l'Académie royale des sciences, des lettres et des beaux-arts de Belgique, 26 mai 1856.

Correspondant de l'Académie royale des sciences de Turin, 27 novembre 1856 ; associé, 2 juillet 1876.

Associé de l'Académie royale des sciences de Berlin, 30 juillet 1857.

Associé de la Société académique du duché d'Aoste, 21 novembre 1858.

Membre honoraire de l'Institut Égyptien, 15 juillet 1859.

Associé honoraire de la Société *Ligura di storia patria,* de Gênes, 25 décembre 1861.

Membre effectif de la Société d'archéologie de Moscou, 9 mars 1865.

Associé de *l'Academia litterarum et scientiarum regia Boïca*, 20 juin 1868.

Associé de l'Académie royale des sciences de Bavière, 25 juillet 1868.

Correspondant de la Société *Der Verein von Alterhumsfreunden im Rheinlande* (Bonn), 29 décembre 1869.

Correspondant *dell' Accademia dei Lincei*, 1875.

Membre honoraire du Corps académique (Académie royale des beaux-arts) d'Anvers, 21 août 1877.

Longpérier était aussi correspondant de la Société royale de Göttingue et de la Société littéraire de Leide, mais je n'ai pas retrouvé la date de ces deux nominations ; il était associé ou cor-

» gante, avait un poids particulier. On l'entendait avec défé-
» rence; on se plaisait à la provoquer, et chacun trouvait à
» en profiter. Lui-même, d'ailleurs, contribuait plus que
» personne à l'activité des travaux de l'Académie, par les
» communications fréquentes qu'il y apportait, par ses lec-
» tures, par ses appréciations, toujours sobres et fermes, des
» ouvrages qu'il présentait. Aussi, comme il n'était pour
» ainsi dire étranger à aucune des matières qui sont du res-
» sort de la savante compagnie, elle le mettait au nombre
» des juges de presque tous ses concours, et elle l'avait suc-
» cessivement fait entrer dans la plupart de ses commis-

respondant de la plupart des Académies et sociétés savantes de la France et d'un grand nombre de sociétés savantes de l'étranger.

Décorations :

Chevalier de la Légion d'honneur, 13 février 1850.

Officier, 14 août 1863.

Commandeur, 20 octobre 1878.

Chevalier du Lion de Zähringen de Bade, 12 juillet 1856.

Chevalier des Saints-Maurice et Lazare, 25 mai 1857.

Commandeur, 13 juin 1862.

Chevalier de l'ordre d'Albert le Valeureux de Saxe, janvier 1860.

Commandeur de l'ordre de Charles III d'Espagne, 25 avril 1860.

Commandeur de l'ordre de Saint-Stanislas de Russie, 22 mars 1861.

Chevalier de l'ordre de la Couronne de chêne des Pays-Bas, 19 octobre 1861.

Commandeur de l'ordre du Sauveur de Grèce, 8 janvier 1864.

Commandeur de l'ordre de Saint-Jacques de Portugal, janvier 1866.

Commandeur de l'ordre de l'Osmanieh de Turquie, 18 décembre 1878.

Officier de l'instruction publique, 3 janvier 1879.

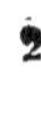

» sions permanentes (1). » C'est encore à lui que l'Académie s'adressait pour la rédaction des inscriptions officielles et la composition des médailles sur lesquelles, conformément à une tradition qui remonte à Louis XIV, le gouvernement consulte l'Académie. On le chargeait également du programme des travaux des écoles d'Athènes et de Rome, ainsi que de l'examen des mémoires envoyés par leurs membres, etc. Il fut aussi un des premiers promoteurs du *Corpus inscriptionum semiticarum*, et dans ce vaste recueil il s'était réservé la numismatique qu'il se proposait de faire en collaboration avec M. Waddington.

En 1855, il entreprit, avec l'auteur de cette notice, la publication du *Bulletin archéologique de l'Athenæum français*, revue à laquelle prirent part plusieurs savants des plus éminents, mais qui, n'ayant pas trouvé d'éditeur, n'eut que deux années d'existence. Les nombreuses vignettes insérées dans le texte ont toutes été dessinées de la main de Longpérier.

En 1856, notre commun ami Louis de la Saussaye ayant renoncé à la direction de la *Revue numismatique*, fondée par lui en 1836, revue qui avait déjà vingt années d'existence (1836-1855), et qui avait rendu de grands services à la science, je décidai Adrien de Longpérier à reprendre et à continuer avec moi la rédaction de ce recueil périodique. Cette publication fut interrompue par les événements politiques de 1870 et 1871. La seconde série de la *Revue numismatique* est composée de quinze volumes, publiés de 1856 à 1877. Plus de cent collaborateurs, les savants les plus distingués non seulement de la France, mais de toute l'Europe, prirent part à cette revue dont Longpérier sut diriger la

(1) F. Lenormant.

rédaction avec cette haute et profonde intelligence qui le distinguait; presque chaque livraison contient un article de lui sur les sujets les plus variés et les plus neufs (1).

Longpérier était conservateur au Louvre quand la collection Campana qui venait d'être achetée par l'Empereur, fut réunie au Musée. Mon ami eut la mission de ranger dans les galeries et d'y classer la masse énorme de monuments de toute nature dont les collections de la France venaient de s'enrichir. Avec la collection Campana et quelques acquisitions faites auparavant, il créa, à côté du Musée Charles X, le Musée Napoléon III, dont il avait commencé la publication dans un grand ouvrage, exécuté avec luxe, qui n'a eu malheureusement qu'un petit nombre de livraisons données au public (2). Il faut avoir vu la collection Campana, exposée en 1862 au Palais de l'Industrie, avant son entrée au Louvre, il faut avoir visité les magasins dans lesquels on avait laissé une quantité d'objets qui n'ont pas figuré à l'Exposition, pour se rendre compte de la tâche immense que Longpérier eut alors à accomplir. Avant de commencer l'installation nouvelle, il était nécessaire de procéder, avec l'assistance d'une commission, présidée par M. le comte de Nieuwerkerke (3), à un travail d'épuration pour écarter les pièces

(1) Les savants regrettaient que la *Revue numismatique* eût cessé de paraître. Heureusement une troisième série va être publiee sous l'habile direction de M. Anatole de Barthélemy, secondé par MM. Gustave Schlumberger et Ernest Babelon. Le comité de publication est composé de MM. Deloche, F. Lenormant, Ch. Robert, Melchior de Vogué, Waddington et J. de Witte.

(2) De cet important ouvrage, il n'a paru que 29 livraisons gr. in-4°.

(3) L'auteur de cette notice était l'un des commissaires, et il

fausses qui, mêlées à de véritables merveilles, abondaient dans la collection et pour choisir les doubles, les morceaux d'un intérêt et d'une valeur secondaires qui devaient être distribués aux musées de province Ce premier travail terminé, la part du Louvre faite, commençait l'œuvre de classement du Musée Napoléon III et de l'arrangement méthodique de ses salles. Longpérier y avait réussi d'une manière complète; on ne pouvait rien voir de plus beau, de mieux ordonné. Une partie des dispositions qu'il avait adoptées subsiste encore aujourd'hui. Mais de la belle salle des terres cuites, chef-d'œuvre de cette installation, il ne reste que le souvenir. C'est vers la fin de l'année 1869 que, après deux ou trois ans d'existence, cette salle fut supprimée. On regrettera toujours la disparition de cette magnifique salle et la dispersion des terres cuites dont « l'installation, le classement et » la disposition étaient un modèle au double point de vue de » l'enseignement scientifique à tirer des objets et de leur » mise en valeur sous le rapport de l'art (1). » Aucun musée en Europe ne pouvait offrir une salle de terres cuites aussi riche, aussi belle, aussi admirablement rangée.

La santé de mon ami s'était notablement altérée. Accablé d'ennuis et découragé, il donna sa démission de conservateur du Musée du Louvre au commencement de l'année 1870. En se retirant, il reçut le titre de conservateur honoraire. Sa retraite prématurée laissa de grands regrets; nul n'était plus apte à remplir ces fonctions; sa science et son expérience promettaient encore de longs et utiles services.

peut attester quel grand et difficile travail avait été imposé à son ami.

(1) F. Lenormant.

Après avoir parlé de tout ce qu'a fait Longpérier au Louvre, il faut maintenant dire un mot des deux Expositions universelles, au succès et à l'éclat desquelles le savant archéologue eut une grande part. Je ne puis mieux faire que de reproduire ici ce qu'en a dit M. F. Lenormant :

« Il s'était montré au Louvre un admirable organisateur » de Musée; on eut l'heureuse idée de mettre à profit les » facultés toutes spéciales qu'il avait montrées à cet égard, » en le chargeant d'organiser la section rétrospective de l'his- » toire du travail aux deux Expositions universelles de 1867 » et de 1878.

» Dans cette dernière surtout étant placé seul à la tête du » service, ... il réussit (avec l'aide de M. Gustave Schlumber- » ger) au delà de ce que l'on était même en droit d'espérer. » Son autorité personnelle, le crédit de son nom et de sa » situation scientifique furent pour beaucoup dans l'empres- » sement que la presque totalité des collectionneurs français » mit à envoyer la fleur de ses cabinets pour remplir les » galeries du Palais du Trocadéro. Cette même autorité, » jointe à l'urbanité parfaite qui distinguait M. de Long- » périer et à son tact d'homme du monde, parvint, ce qui » n'était pas chose facile, à plier tous ces amateurs aux exi- » gences d'une classification méthodique par époques, qui » respectait en même temps l'individualité de leurs collec- » tions. On n'a jamais mieux fait pour l'agencement et la » disposition d'une exposition de ce genre. Aucun de ceux » qui ont vu seulement une fois ces galeries spacieuses et si » bien arrangées du Trocadéro où tous les objets étaient si » artistement mis en relief, exposés à la place qui leur con- » venait le mieux, n'en perdra le souvenir; à plus forte rai- » son ceux qui y ont passé de longues heures d'étude.

» C'était un musée temporaire, mais classé avec un art » infini et avec autant de méthode que d'art, où l'on pou- » vait suivre, pas à pas, toutes les périodes de l'histoire de » l'industrie humaine, depuis les silex grossièrement taillés » qui se rencontrent dans les dépôts quaternaires, associés » aux ossements d'espèces animales éteintes depuis des mil- » liers d'années, jusqu'aux mignonnes fantaisies du XVIIIe siè- » cle (1) » On sait quel fut le succès de l'Exposition du Trocadéro; j'ai fait ressortir la part qu'eut Longpérier à ce succès. Ce fut pour récompenser son mérite extraordinaire, son dévouement et son zèle, qu'au mois d'octobre 1878, il fut nommé commandeur de la Légion d'honneur.

J'ai peu de détails sur ses voyages. En 1841, il se rendit pour la première fois en Italie et visita plusieurs villes et plusieurs musées; il s'arrêta principalement à Naples. Il a été plusieurs fois à Londres, et si je ne me trompe, son premier voyage en Angleterre date de 1845. La même année, il se rendit en Allemagne avec Louis de la Saussaye. En 1851, il fit un voyage en Espagne et parcourut l'Andalousie. Vers la fin de 1857, il partit pour Turin avec Auguste Mariette. En 1861, il retourna en Italie et se rendit à Rome pour recevoir la collection Campana. En 1862, il partit pour Londres, où il vint comme juré pour la section des bronzes de l'Exposition universelle. En la même année 1862, il retourna à Naples. Il a été plusieurs fois en Belgique; son dernier voyage à Bruxelles est de 1865. En 1866, il visita une partie de l'Italie méridionale et surtout les côtes de la Sicile.

(1) M. E. Récamier a donné, dans le journal *Le Français* du 16 janvier 1882, quelques détails intéressants sur les collections exposées au Palais du Trocadéro et sur les amateurs qui prirent part à cette belle exposition.

Tous ceux qui ont connu de loin ou de près Longpérier ont entendu parler de ses vastes connaissances archéologiques; mais en général on était porté à croire qu'il était exclusivement plongé dans l'étude des monuments antiques. Il possédait des connaissances littéraires très variées et, indépendamment de la littérature française, il savait apprécier les œuvres de la littérature étrangère. Son admiration pour Cervantès fit qu'il tint à parcourir, en 1851, tous les lieux décrits dans Don Quichotte; de même, lors de son premier voyage en Angleterre, en 1843, il avait accompli avec le plus vif plaisir la tournée des personnages des *Canterbury tales* de Chaucer. C'est qu'il connaissait admirablement la littérature anglaise et qu'il savait parler de Shakespeare, de Chaucer (1), comme de Corneille, de Racine et de Molière.

Comme je l'ai dit au début de cette notice, on ne peut pas se faire une idée de son savoir, de l'incroyable justesse de son coup d'œil, quand on n'a pas vécu dans son intimité. Les travaux que nous faisions ensemble, en imprimant des revues périodiques, permettaient à tout instant pour ainsi dire de nous communiquer nos idées et de nous livrer à un examen réfléchi des monuments et des textes. « Ce qui caractérisait » son génie, c'était la prodigieuse connaissance qu'il avait » des monuments;... ce don précieux lui a valu pendant un » demi-siècle une réputation incomparable; c'est grâce à lui » que son nom ne périra point (2). » Il avait le rare secret de rendre la science attrayante par de spirituelles observations et d'heureuses saillies. Il encourageait les jeunes gens, dès qu'il leur reconnaissait le goût du travail et de la science,

(1) G. Schlumberger.
(2) G. Schlumberger.

leur livrant avec la plus grande bonté les secrets de sa longue expérience. C'est dans ces conversations intimes que j'ai eues si souvent avec lui qu'il déployait tant d'esprit et d'enjouement, faisant jaillir des lumières inattendues dont profitaient ses amis. Mais il est arrivé aussi que des auditeurs peu scrupuleux se sont approprié ses idées neuves et originales. Il s'est de la sorte laissé dépouiller de plusieurs découvertes qui lui appartenaient. On apprenait tant de choses dans ces entretiens; il connaissait à fond les textes des écrivains anciens; il lisait tout ce qui se publiait de nouveau sur l'archéologie; il consultait avec soin les travaux de ses devanciers et rendait hommage à la mémoire des savants qui ont écrit dans les siècles passés.

Mon ami n'a pas écrit un seul ouvrage de quelque étendue, un seul livre dont le titre reste attaché au nom d'un savant, et s'il a commencé des ouvrages qui devaient prendre certains développements, il ne les a jamais terminés. On a eu tort de dire qu'il avait peu écrit; ses articles et ses dissertations sont imprimés dans une foule de recueils dont quelques-uns sont presque introuvables. On lui reprochait non-seulement de ne pas terminer ses ouvrages, mais encore d'éparpiller dans un trop grand nombre de recueils les fruits de ses profondes et consciencieuses recherches. Il éprouvait une difficulté très grande quand il s'agissait de livrer à l'impression un travail quelconque. Il espérait toujours le compléter, le rendre meilleur, y ajouter de nouvelles considérations. Ceux qui se sont occupés de travaux d'érudition comprennent jusqu'à un certain point ces scrupules, ces hésitations. Cet homme d'une science si sûre était tellement défiant de lui-même qu'il craignait toujours de donner de la publicité à ses travaux et qu'il avait de la peine à y mettre la dernière main.

On l'a dit avec raison (1), le meilleur monument à élever à sa mémoire, est de réunir dans un recueil complet les articles et les dissertations imprimés dans un nombre considérable de recueils. Ses enfants l'ont compris, et c'est M. Gustave Schlumberger, jeune et savant archéologue, déjà connu par d'excellents travaux, qui s'est chargé de cette publication (2). Mais quoique le recueil des œuvres de Longpérier renferme un grand nombre d'articles (plus de 400), on ne saurait se faire une idée de son savoir, si on ne l'a pas personnellement connu, si l'on n'a pas eu occasion de le consulter, de le voir intervenir dans une discussion académique.

Longpérier était depuis nombre d'années membre du conseil de la Société asiatique. C'est dans le *Journal asiatique* qu'il a publié, de 1841 à 1845, quelques-uns de ses mémoires les plus intéressants sur les monuments antiques de l'Asie, entrés au Louvre, et sur les monnaies musulmanes.

En 1874, il devint un des collaborateurs du *Journal des Savants* et c'est dans ce recueil ainsi que dans les *Comptes rendus de l'Académie des inscriptions et belles-lettres* qu'il a publié la plupart de ses derniers travaux.

« Longpérier, qui n'a jamais professé, qui n'a pas écrit de

(1) F. Lenormant.

(2) Le premier volume, consacré aux antiquités orientales, a paru en 1882 chez Leroux. Ce premier volume a été offert à l'Académie des inscriptions et belles-lettres, le 24 novembre 1882, par M. Alfred Maury.

Le deuxième et le troisième volume, destinés aux antiquités grecques, gauloises et romaines, ont paru en 1883.

Le quatrième volume (monuments du moyen âge et de la renaissance) a aussi paru en 1883.

» gros livres, qui depuis bien des années n'était plus con-
» servateur ni au Cabinet des médailles, ni au Louvre, a
» exercé et exerçait encore sur le mouvement scientifique
» se rapportant aux diverses branches de l'archéologie une
» influence telle que l'on a pu dire, sans crainte d'être con-
» tredit, que les archéologues du monde entier le regrette-
» ront comme un des premiers, sinon comme le premier
» d'entre eux (1). »

Les dernières années de la vie de Longpérier ont été tristes; déjà en 1861 (7 septembre) il avait eu le malheur de perdre sa digne et angélique compagne. La mort d'un fils (4 février 1879) qui montrait les plus heureuses dispositions pour l'étude, sur lequel il avait placé les plus hautes et les plus légitimes espérances, qui, tout jeune encore, avait brillamment débuté dans la science (2), vint le frapper d'un coup dont on ne se relève pas. A dater de ce moment, il vécut dans une profonde retraite, n'en sortant que pour prendre part aux travaux de l'Académie des inscriptions et assister à ses séances.

La découverte des antiquités chaldéennes recueillies par M. de Sarzec et acquises par M. Heuzey pour le Musée du Louvre, fut, au commencement de sa maladie, un vrai triomphe pour Longpérier. Elle révélait l'existence, au sud de la Mésopotamie, d'une civilisation très différente de la civilisation assyrienne, et bien plus ancienne, ce qu'il avait toujours affirmé (3). Il se rendit au Louvre pour

(1) G. Schlumberger.

(2) Voir surtout les articles publiés par Henri de Longpérier dans la *Revue numismatique*.

(3) G. Schlumberger.

voir ces antiquités. Ce fut là une de ses dernières sorties.

A partir du mois de septembre 1881, il tomba sérieusement malade pour ne plus se relever. Il ne recevait que quelques amis qui suivaient avec anxiété les progrès du mal, mais il ne cessait de s'intéresser aux études qui lui étaient chères, et il demandait des détails sur ce qui se passait à l'Académie et à la Société des Antiquaires. De son lit de douleur, il dictait des notes archéologiques et peu de semaines avant sa mort, il en faisait encore lire une à l'Académie; toutefois, il ne se faisait pas d'illusion; il savait que ses jours étaient rigoureusement comptés. Et cependant il avait bien des raisons de se rattacher à la vie. La tendresse et le dévouement de ses deux filles adoucissaient ses derniers instants, ainsi que les caresses de ses petits-enfants, pour lesquels il était un grand-père accompli et plein d'affection. C'est le 14 janvier 1882 que Longpérier s'est éteint, après une longue et douloureuse maladie supportée avec un courage héroïque et une résignation admirable. Il était soutenu d'ailleurs par les sublimes espérances chrétiennes que rien ne peut remplacer dans de semblables épreuves, et il avait reçu les secours de la religion, étant assisté par un prêtre respectable, son ancien ami. Il n'avait que 65 ans. Dans les probabilités ordinaires de la vie et malgré sa frêle santé, on pouvait espérer de le conserver encore pendant plusieurs années.

En terminant cette notice, je dirai avec M. F. Lenormant que la mort de Longpérier est une perte immense pour la science et pour le pays, aussi bien que pour ses nombreux amis. En lui, la France possédait le premier des archéologues vivants de l'Europe; l'étranger le reconnaissait aussi et savait qu'il n'avait actuellement personne à mettre en parallèle avec lui. Certes, c'est sans métaphore que l'on peut dire qu'une lumière de la science s'est éteinte. J'ajoute que pour moi, la mort de Longpérier me laisse un vide irréparable. On ne peut pas se consoler d'une perte pareille. Où trouver un ami qui connaisse comme lui tout ce qui touche à la science archéologique, lui qui vous parlait avec tant de bonté et de franchise, qui vous donnait des conseils si précieux, qui était heureux lorsqu'un autre que lui avait trouvé la véritable explication d'un monument. Quel esprit élevé, quel cœur généreux! Je regarde comme un devoir de rendre par ces lignes un suprême hommage à cette mémoire qui m'est chère à tant de titres.

OUVRAGES D'ADRIEN DE LONGPÉRIER [1].

A. — ARCHÉOLOGIE ORIENTALE.

1° PÉRIODE ANTIQUE.

1839.

1. Collection numismatique du général Court. — (Extr. de la *Revue num.*, 1839, pp. 81-88, vignette. Blois, in-8°.)

Sommaire de la collection des médailles bactriennes et indiennes recueillies par MM. Court et Ventura.

Plus tard, des éditions autographiées ont été faites à Marseille par ordre de M. Court, avec de fâcheuses interpolations.

(1) M. de Longpérier, dans le cours de sa dernière maladie, a, de sa main, rédigé à mon intention la presque totalité des présentes listes que je n'ai eu qu'à vérifier et à compléter. Il a ajouté à un certain nombre de ces titres d'ouvrages ou d'articles des notes brèves qui en résument le contenu. J'ai scrupuleusement respecté ces indications qui présentent de l'intérêt par cela même qu'elles sont de la main du maître. Ces listes sont à peu près complètes pour tous les mémoires ou travaux de quelque importance. Je n'ai pu citer toutes les communications ou présentations faites par M. de Longpérier à l'Académie des inscriptions ou à la Société des Antiquaires, surtout lorsque les comptes rendus officiels se bornent à en faire mention sans en donner aucune analyse; j'ai cependant noté les plus importantes et en particulier toutes celles que M. de Longpérier avait lui-même relevées dans les listes qu'il a dressées à mon intention. — (*Note de M. G. Schlumberger.*)

La liste que nous donnons ici est la reproduction de celle qu'a publiée M. G. Schlumberger à la suite de sa *Notice* sur l'illustre archéologue, dans le *Bulletin de la Société des Antiquaires de France*, 1882, pp. et suiv., avec quelques additions.

1840.

2. *Essai sur les médailles des rois perses de la dynastie Sassanide*, avec 13 planches. Paris, in-4°. — Cet ouvrage a remporté le prix de numismatique en 1840.

1841.

3. Examen des médailles d'Artaban IV, et coup d'œil sur la numismatique des onze derniers rois parthes Arsacides. — (Extr. de la *Rev. num.*, 1841, pp. 245-255, pl. XII et vignette. Blois, in-8°.)

1843.

4. Médaille inédite de Lycie. — (*Ibid.*, 1843, pp. 325-338, 2 vign. Blois, in-8°.)

1844.

5. Ninive et Khorsabad. — (Extr. de la *Rev. arch.*, t. I, 1re partie, pp. 213-234, 6 vign. Paris, in-8°.)

6. Vase fabriqué en Égypte, pendant la domination perse. — (*Ibid.*, 2e partie, pp. 444-451, 2 vign. Paris, in-8°.)

7. Explication d'une coupe sassanide inédite. — (Extr. du tome XV, 1843, des *Annales de l'Inst. archéologique*, pp. 98-114, avec une pl., vol. III des *Mon. inédits*. 1843, pl. LI (in-folio). Paris, in-8°.) — L'extrait porte la date de 1844.

1845.

8. Note sur les découvertes faites dans la Ptérie par MM. Ch. Texier et W.-J. Hamilton; suivie d'observations sur l'aigle à double tête des armes de l'Empire. — (Extr. du t. II de la *Rev. arch.*, 1re partie, pp. 76-85, 2 vign. Paris, in-8°.)

1847.

9. Observations sur les sujets représentés dans quelques bas-reliefs assyriens. — (Extr. du t. IV de la *Rev. arch.*, 1re partie, pp. 296-300, pl. LXIX et vign. Paris, in-8°.)

10. Lettre à M. Isidore Lœwenstern sur les inscriptions cunéiformes de l'Assyrie. — (*Ibid.*, 2e partie, pp. 501-507.)

Transcription de noms d'hommes et de lieux. Lecture du nom royal de Khorsabad et du nom de l'Assyrie. Indications sur l'origine de l'art grec.

11. Lettre à M. le directeur du *Journal asiatique*. — (*Journ. asiat.*, 4e série, t. X, p. 532. Paris, in-8°.)

Cette lettre reproduit et affirme la lecture du nom de Sargon, du *pays d'Assour* et de la Médie.

1848.

12. *Notice des monuments exposés dans la galerie d'antiquités assyriennes au Louvre*. Paris, 1848, in-12. — (Deuxième tirage in-8°, 1849. — Deuxième édition in-12, 1849. — Troisième édition, 1854, sous le titre : Notice des antiquités assyriennes, babyloniennes, perses, hébraïques, exposées dans les galeries du Musée du Louvre.)

1849.

13. De l'introduction des noms perses dans l'Occident et particulièrement dans les Gaules. — (Extr. de la *Rev. arch.*, t. VI. 1re partie, pp. 94-100, vign. Paris, in-8°.)

1850.

14. Antiquités assyriennes. — (*Rev. arch.*, t. VII, 2e partie, pp. 427-451. Paris, in-8°.)

Réfutation absolue des opinions de M. le Dr F. Hœfer, qui prétendait faire descendre la construction des édifices de Khorsabad, de Koyoundjek, de Némrôd au temps des Parthes et des Sassanides ; réfutation que, du reste, les travaux postérieurs ont complètement confirmée.

1853.

15. Communication d'un mémoire intitulé : *Nouvel examen des tétradrachmes frappés par les rois parthes Arsacides ; attribution de monnaies de cette classe aux rois Phraatace, Orode II, Vononès II, etc.* — (*Annuaire de la Société des Antiq. de France* de 1854, p. 94, séance du 9 février 1853.)

C'est le même mémoire dont il est parlé au n° 16 sous un nom un peu différent.

15bis. Note sur la statue du roi Sargon et sur les fouilles de Khorsabad. — (*Ibid.*, pp. 114-115, séance du 9 avril 1853.)

16. *Antiquités de la Perse. Mémoire sur la chronologie et l'iconographie des rois parthes Arsacides.* — (Sans planches. Paris, F. Didot,

in-4°.) — L'édition définitive a paru en 1882, chez Leroux, avec 18 planches gravées. — Voy. *Comptes rendus de l'Acad. des Inscript.*, 1882, p. 165.

17. Coupes d'argent assyriennes au Musée du Louvre. — (*Journal général de l'Instruction publique*, n° 58, du 20 juillet 1853, pp. 452-454.) — Reproduit dans le t. II de l'*Athenæum français*, 1853, pp 443-444.

1854.

18. Sarcophage phénicien dont vient de s'enrichir le Musée du Louvre. — (*Annuaire de la Société des Antiq. de France*, 1855, p. 100, séance du 9 mars 1854.)

1855.

19. Antiquités orientales. — (*Bull arch. de l'Athen. franç.*, 1re année, p. 24, pl. II. Paris, in-4°.)

20. Cylindre assyrien; le culte de la hache. — (*Ibid.*, pp. 101-102, vign. Paris, in-4°.)

21. Notice sur les monuments antiques de l'Asie nouvellement entrés au Musée du Louvre, lue à la Société asiatique dans la séance générale du 12 juin 1854. — (Extrait du *Journ. asiat.*, 32 p., 4 vignettes. Paris. in-8°.)

L'*Allgemeine Zeitung* annonce la découverte, dans un tombeau de Palestrina (17 septembre 1855), de coupes semblables à celles d'Agylla, qui sont déposées au Musée Grégorien, à Rome... On ne peut séparer les vases d'Agylla et de Cittium de ceux qui ont été trouvés à Nemrôd... Maintenant on peut se faire une idée des vases de métaux que les Phéniciens apportaient aux Grecs à l'époque d'Homère.

1856.

22. Vase juif antique. — (*Bull. arch. de l'Athen. franç.*, 2e année, pp. 4-5, vign. Paris, in-4°.)

23. Découverte d'un sarcophage phénicien de marbre blanc, à Saïda. — (*Ibid.*, p. 64.)

1858.

24. Longpérier communique divers monuments recueillis près de Babylone, entre autres une petite plaque de pierre dure avec

inscriptions cunéiformes, du XVIe siècle avant notre ère. — (*Bull. de la Soc. des antiq. de France*, 1858, p. 82, séance du 12 mai.)

1859.

25. Sceaux à légende bilingue, hébraïque et française. — (*Bull. de la Soc. des Antiq. de France*, 1859, pp. 164-166, vign. séance du 17 août.)

1862.

26. Sceaux de Ptolémée Épiphane. — (*Comptes rendus de l'Acad. des Inscript.*, 1862, p. 229.)

Longpérier met sous les yeux de l'Académie deux sceaux précieux, l'un égyptien, l'autre purement grec, mais tous deux de travail grec, également de Ptolémée Épiphane, le roi de l'inscription de Rosette. A en juger par la barbe de Ptolémée, il paraît ici plus âgé que sur les monnaies qu'on a de lui.

1863.

27. Cachet de Sébénias, fils d'Osias. — (*Rev. arch.*, n. s., t. VIII, pp. 358-359, vign. Paris, in-8°.)

Analysé dans les *Comptes rendus de l'Acad. des Inscript.*, 1863, pp. 288-289, sous le titre : Sur une pierre gravée du temps du roi Osias.

28. Mérédate, roi des Omanes. — (Extrait de la *Rev. num.*, 1863, pp. 333-341, vign. Paris, in-8°.)

Analysé dans les *Comptes rendus de l'Acad. des Inscript.*, 1863, pp. 285-286, sous le titre : Monnaie antique de l'Asie.

29. Les Assyriens ont-ils fait usage de monnaies ? — (*Rev. num.*, 1863, pp. 180-185. Paris, in-8°.)

1864.

30. Note sur l'origine et l'usage de l'écriture hébraïque carrée. — (*Comptes rendus de l'Acad. des Inscript.*, 1864, pp. 270-271.)

30bis. Note sur des objets en fer trouvés à Khorsabad par M. V. Place. — (*Bull. de la Soc. des Antiq. de France*, 1864, p. 108, séance du 13 juillet.)

1865.

31. Note sur une figurine rapportée de Amrit en Phénicie, par M. Guillaume Rey, représentant un homme portant un bouc sur

son cou, analogue à une autre figure rapportée de Camiros de Rhodes. — (*Bull. de la Soc. des Antiq. de France*, 1865, p. 104, séance du 21 juin.)

1867.

32. Traduction d'une inscription funéraire phénicienne, recueillie dans les ruines de l'antique Aspis (Nabel-Kedim), par M. le marquis Horace Antinori. — (*Comptes rendus de l'Acad. des Inscript.*, 1867, pp. 329-331.)

33. Le culte de la hache. — (Extr. des *Comptes rendus* de la 2e session du *Congrès international d'anthropologie et d'archéologie préhistoriques*, qui s'est réuni en 1867 à Paris, pp. 37-40.)

34. Couteaux de silex assyriens. — (*Ibid.*, pp. 118-119.)

35. Indication sur les monuments de l'île de Gozzo. — La spirale ne se trouve pas sur les monuments de la Phénicie. On la trouve sur les vases de bronze à bec relevé, recueillis dans la Gaule. — (*Ibid.*, pp. 250-251.)

36. De la supériorité des arts dans l'Égypte de l'ancien empire. On pourrait presque dire que l'emploi du fer y est préhistorique. — (*Ibid.*, p. 278.)

37. De l'usage du fer dans la plus haute antiquité. Témoignages relatifs à l'emploi des métaux. — (*Ibid.*, pp. 296-298.)

1868.

38. Observations sur la date d'un tétradrachme de Phraatace, roi des Parthes. — (*Rev. num.*, 1868, pp. 21-27, vign. Paris, in-8°.)

39. Monnaies des rois d'Éthiopie (Nagast de Aksum en Abyssinie). — (*Ibid.*, pp. 28-44, pl. II et III. Paris, in-8°.)

40. Monnaie des Homérites frappée à Raïdan (Arabie méridionale). — (*Ibid.*, pp. 169-176, vign. Paris, in-8°.)

41. Observations sur les coupes sassanides. — (Extrait des *Mém. de l'Acad. des Inscript.*, t. XXVI, 1re partie, in-4°.)

Analysé dans les *Comptes rendus de l'Acad. des Inscript.*, 1865, pp. 438-441.

Un extrait de ce *Mémoire* a été lu par Longpérier en séance publique de l'Institut de France, le 3 août 1866, sous le titre : Une anecdote iconographique.

1869.

42. Inscriptions phéniciennes de Carthage. — (Extr. du n° 4 de l'année 1869 du *Journ. asiatique*.)

1871.

43. Deux bronzes antiques de Van (Arménie), communiqués par M. Brosset. — (Mélanges asiatiques, tirés du *Bulletin de l'Académie impériale des sciences*, t. XVI, pp. 526-528, vignettes. Saint-Pétersbourg, in-8°.)

1872.

44. Notice sur quelques sceaux juifs bilingues. — (*Comptes rendus de l'Acad. des Inscript.*, 1872, pp. 234-242 et 1873, pp. 184-186.

1873.

45. Note sur deux sceaux hébraïques du moyen âge conservés aux Musées de Toulouse et de Narbonne. — (*Comptes rendus de l'Acad. des Inscript.*, 1873, pp. 205 et 230-237.)

1874.

46. Observations sur quelques objets antiques figurés dans les livres chinois et japonais, présentées au 1er Congrès des Orientalistes, à propos de l'exposition des collections rapportées de l'extrême Orient par M. Henri Cernuschi. — Vignettes.

47. Monnaies de la Characène; le roi Obadas. — (*Rev. num.*, 1874, pp. 136-143, pl. V. Paris, in-8°.)

Analysé dans les *Comptes rendus de l'Acad. des Inscript.*, 1872, pp. 124-130.

1875.

47bis. Les plus anciens bronzes du monde. — (*Comptes rendus de l'Acad. des Inscript.*, 1875. pp. 291 et 341-345.)

48. Stèle votive de Carthage. — (*Comit. arch. de Senlis*, pp. 45-51, in-8°.)

1881.

49. *Le trésor de San'à (monnaies himyaritiques)*; examen critique de l'ouvrage de M. Schlumberger. — (*Journ. des Sav.*, janvier

1881, pp. 42-52. Paris, in-4°. — Voy. *Comptes rendus de l'Acad. des Inscript.*, 1879, pp. 198-199.)

50. Monuments antiques de la Chaldée, découverts et rapportés par M. de Sarzec. — (*Comptes rendus de l'Acad. des Inscript.*, 1882, pp. 281-286, vign. Paris, in-8°.)

Note lue dans la séance de l'*Académie des Inscriptions*, du 16 décembre 1881.

2° MONUMENTS ARABES.

1838.

1. Monnaie inédite du khalife Hescham II. — (Extr. de la *Rev. num.*, 1838, pp. 442-447, vign. Blois, in-8°.)

1 bis. Compte rendu des *Lettres à M. Reinaud, membre de l'Institut,* sur quelques points de la monnaie arabe par F. de Saulcy. (*Journal asiatique.*) — (Extr. de la *Rev. num.*, 1838, pp. 159-164, vign.)

1845.

2. Notice sur une coupe arabe conservée au Département des Antiques de la Bibliothèque royale. — (Extr. de la *Rev. arch.*, t. I, 2e partie, pp. 538-545, pl. XVI et 3 vign. Paris, in-8°.)

3. Lettre à M. Reinaud, membre de l'Institut, au sujet des monnaies des rois de Caboul. — (Extr. du *Journal asiat.*, 4me série, t. V, 1845, pp. 192-200. Paris, in-8°.)

4. Inscription funéraire [arabe] découverte à Marseille. — (*Journ. asiat.*, 4e sér., t. V, 1845, pp. 118-119, et *Rev. arch.*, t. I, 2e partie, pp. 843-844.)

Marbre blanc de l'an 583 de l'hégire (1187 de J.-C.). Épitaphe du scheïkh Abou'l-Abbas-Ahmed-ben-Mohammed, surnommé Zalladj.

5. Lettre à M. le Dr B. Kœhne sur les monnaies arabes d'Alphonse VIII, roi de Castille. — (*Zeitschrift für Münz-Siegel und Wappenkunde*, t. V, pp. 217-224. Berlin, in-8°.)

6. Note sur un dinar inédit de Barkiaroc. — (*Journ. asiat.*, 4e sér., t. VI, 1845, pp. 306-313. Paris, in-8°.)

1846.

7. De l'emploi des caractères arabes dans l'ornementation chez les peuples chrétiens de l'Occident. — (*Rev. arch.*, t. II, 2e partie, pp. 696-706, pl. XLV, 9 vign. Paris, in-8°.)

8. Miroir arabe à figures. — (*Ibid.*, t. III, 1re partie, pp. 338-340, pl. XLVIII. Paris, in-8°.)

9. Observations en réponse à une lettre de M. Henry, bibliothécaire à Toulon, sur le sujet de l'avant-dernier article (n° 7.) — (*Ibid.*, pp. 408-411, pl. LIV et vign. Paris, in-8°.)

10. Monnaies orientales. Choix de monnaies frappées avec des légendes en caractères orientaux.

Quatre planches gravées par le procédé Collas (LIII-LVI). — (*Trésor de numismatique et de glyptique*, t. IV (Hist. par les monum. de l'art monétaire chez les modernes), ch. VI, pp. 120-134.)

1850.

11. Programme d'un ouvrage intitulé : Documents numismatiques pour servir à l'histoire des Arabes d'Espagne. — (*Revue arch.*, t. VII, 2e partie, pp. 575-586, avec une seule planche; voyez le n° 13.)

1851.

12. Observations sur les dinars arabes à légendes latines et sur les dinars bilingues. — Premier article. — (*Ibid.*, pp. 725-729, pl. CLV, vign.)

Deuxième article. *Ibid.*, t. VIII, 1re partie, pp. 135-141.

13. *Documents numismatiques pour servir à l'histoire des Arabes d'Espagne.* — (3 planches. Paris, Franck, in-4°.)

Le même programme que le n° 11, mais corrigé et augmenté de deux planches. — (Reproduit dans la *Rev. num.*, 1850, pp. 429-442, sans les planches.)

1853.

13bis. Au sujet d'un tableau de Benozzo Gozzoli, représentant Averroès. — (*Annuaire de la Soc. des Ant. de France*, 1853, pp. 129-130, séance du 9 août 1853.)

1863.

14. Monnaie arabe d'argent trouvée dans un tombeau à Contres, près Blois. Elle a été rognée au module des deniers occidentaux, mais on peut reconnaître qu'elle a été frappée à Cordoue, l'an 168 de l'hégire (777 de l'ère chrétienne). — (*Rev. num.*, 1863, pp. 214-216. Paris, in-8°, et *Bull. de la Soc. des Antiq. de France*, 1863, p. 115, séance du 13 mai.)

1864.

15. Monnaie bilingue de Tanger. — (*Rev. num.*, 1864, p. 53, 2 vignettes. Paris, in-8°.)

1865.

16. Vase arabo-sicilien de l'œuvre Salemon. — (Extr. de la *Rev. arch.*, n. s., t. XII, 1865, pp. 356-367, pl. XXII. Paris, in-8°.)

Une première édition a paru en 1849 dans la *Tribune des artistes*, sous le titre : Description d'un vase arabo-sicilien conservé au Musée du Louvre, in-8°, vign. — Voir aussi *Comptes rendus de l'Acad. des Inscript.* 1865, p. 313.

1866.

17. Lampe de mosquée du XIIe siècle. — (Dans les *Collections célèbres d'œuvres d'art*, par E. Lièvre, 1re partie, livraison XV, pl. XXXVII. Paris, in-folio.)

18. Vase oriental du Musée du Louvre, connu sous le nom de Baptistère de saint Louis. (*Comptes rendus de l'Acad. des Inscript.* 1866, pp. 291-295. — Première édit. dans les *Collections célèbres d'œuvres d'art*, par E. Lièvre, t. I, livraison XIX, pl. XLVII et XLVIII. — Reproduit également dans la *Rev. arch.*, n. s., t. XIV, 1866, pp. 306-309.)

1872.

19. Note sur l'écriture *baberi*. — (*Comptes rendus de l'Acad. des Inscript.*, 1872, pp. 245-252.)

1876.

20. *Le Millarès, étude sur une monnaie du XIIIe siècle, imitée de l'arabe par les chrétiens pour les besoins de leur commerce en pays*

maure, par Louis Blancard. Marseille, 1876, in-8°.) — Examen critique. — (*Journal des Sav.*, juillet 1876, pp. 428-442. Paris, in-4°.)

1881.

21. L'épitaphe d'un roi de Grenade. — (*Ibid.*, avril 1881, pp. 197-204. Paris, in-4°.)

B. — ARCHÉOLOGIE GRECQUE, GAULOISE ET ROMAINE.

1838.

1. Titiopolis d'Isaurie. — (Extr. de la *Rev. num.*, 1838, pp. 422-426, vign. Blois, in-8°.)

1839.

2. Coin of Titiopolis in Isauria. — (Extrait du *Numismatic Chronicle*, n° d'avril, 1839. London, in-8°.) — Traduction de l'article précédent.
3. Médailles inédites de Lamus, de Philadelphie et de quelques autres villes de Cilicie. — (Extr. des *Nouv. Annales de l'Inst. arch.*, t. II, pp. 348-357, vignette et pl. E, 1839. Paris, in-8°.) Explication historique et mythologique des monnaies de la métropole de la Lamotide, d'Hiéropolis, de Coracesium, de Philadelphie de Cétide et de Diocésarée.
4. Nouvelles observations sur un denier de la famille Titia. — (Extr. de la *Rev. num.*, 1839, pp. 178-184. Blois, in-8°.)

1840.

5. *Description des médailles du cabinet de M. de Magnoncour*. Paris, F. Didot, in-8°, 2 planches.

5bis. Essai d'appréciations générales en numismatique. — (Extr. des *Mémoires de la Société des Antiq. de France*. t. XV, 1840, pp. 232-246. Paris, in-8°. Réimprimé avec quelques variantes dans la *Rev. arch.* de 1844, t. I, Ire partie, pp. 89-97.)

6. Restitution à la Lycie de médailles attribuées à Rhodanusia de la Narbonnaise. — (*Rev. num.*, 1840, pp. 405-414 et p. 451, pl. XXIII.)

1841.

7. Recension de l'*Essai de classification des monnaies autonomes de l'Espagne*, par F. de Saulcy. — (Extr. de la *Rev. num.*, 1841, pp. 322-332, vign. Blois, in-8°.)

1843.

8. Dynamis, reine de Pont. — (Extr. des *Ann. de l'Instit. arch.* t. XIII, 1841, pp. 320-326, vign. Paris, in-8°.)

9. Notice sur les médailles de sept villes qui ne figurent pas dans les tables générales de Mionnet. — (Extr. de la *Rev. num*, 1843, pp. 243-254, pl X. Blois, in-8°.)

10. Notice sur quelques médailles grecques. — (*Ibid.*, pp. 413-436, pl. XVI et XVII.)

11. *Catalogue de médailles grecques, puniques et romaines recueillies à Carthage par M. Jos. d'Égremont.* La vente a eu lieu le lundi 21 août 1843, dans les salons de l'Alliance des Arts, rue Montmartre, 178. — (Paris, Alliance des Arts, in-8°, 12 pages.)

11bis. Catalogue Linck. — Catalogue Harriot. — Catalogue Desains. — Catalogue D..... (de Lille). — Catalogue Colonel P..... — Catalogue H..... (d'Orléans). *Alliance des Arts*, in-8°.

1844.

12. Fragment inédit de table iliaque. — (*Revue de Philologie*, t. I, 1845, pp. 438-446. Paris, in-8°)

13. Attribution d'une monnaie gauloise à Agedincum Senonum. — (Extr. de la *Rev. num.*, 1844, pp. 165-169, vign. Blois, in-8°.)

14. Notice sur un statère d'or de Ptolémée Ier Soter, roi d'Égypte. — (*Ibid.*, pp. 325-329, vign.)

14bis. De quelques attributions fausses. (*Moniteur des Arts*, t. I, pp. 53-55)

1845.

14ter Céramique. Vases de Canino. — *Ibid.*, t. I, p. 111.

15. Figurine de bronze du cabinet de M. le vicomte de Jessaint.

— (*Rev. arch.*, t. I, 2e partie (oct. 1844-mars 1845), pp. 458-461, pl. XIII. Paris, in-8°.)

16. Les tumulus de Djébel-el-Akhdhar, dans la province d'Oran. (Mauritanie césarienne). — (*Ibid.*, pp. 565-572, 3 vignettes.)

17 Recension de l'*Élite des monuments céramographiques*. — (*Ibid.*, pp. 776-784 et pp. 846-852, pl. XIX.)

Nouvelles observations sur les noms des vases; renseignements fournis à cet égard par la numismatique. Examen des différents styles et de l'origine des monuments céramographiques.

18. Note sur un camée inédit du Cabinet des Antiques de la Bibliothèque royale. — (*Ibid.*, t. II, 1re partie, pp. 19-24, vign.)

Explication d'une pierre gravée qui confirme certains détails rapportés par Lampride dans la Vie d'Héliogabale.

19. Vases gaulois de la Puysaye. — (*Ibid.*, p. 301-306, 6 vignettes.)

20. Bellérophon. — (Extr. des *Ann. de l'Inst. arch.*, t. XVII, 1845, pp. 227-233, pl. XXI du t. IV des *Monuments inédits*. Paris, in-8° et in-folio.)

21. Attribution de quelques monnaies à Nésus de Céphallénie. — (Extr. de la *Rev. num.*, 1845, pp. 413-416, vign. Blois, in-8°.)

1846.

22. Notice sur une inscription latine inédite. (Extr. des *Mém. de la Soc. des Antiq. de France*, t. XVIII, 1846, pp. 262-267, pl. III, 2 vign. Paris, in-8°.)

23. Quelques inscriptions latines découvertes dans la Lyonnaise. — (*Rev. de Philologie*, t. II, 1847, pp. 191-196. Paris, in-8°.)

1847.

24. Notice sur une inscription inédite trouvée à Sens. — (*Ibid.*, pp. 353-360.)

25. Description de quelques poids antiques. — (Extr. des *Annales de l'Inst. arch.*, t. XIX, 1847, pp. 333-347, pl. XLV du t. IV des *Monuments inédits*. Paris, 1847, in-8° et in-folio.)

Le tirage à part porte la date de 1849.

1848.

26. Dessin d'un sanglier de bronze monté sur une douille. Cet objet, trouvé en Asie-Mineure, a été dessiné par M. Alischan, de

Constantinople. Semblable à celui qui se voit sur un grand nombre de monnaies gauloises, il parait avoir servi d'enseigne militaire. — (*Annuaire de la Soc. des Antiq. de France*, pour 1849, p. 105, séance du 9 mars 1848.)

27. Nouvelles observations sur un ornement représenté au revers de quelques monnaies gauloises de l'Armorique. Dissertation sur les phalères. — (*Revue num.*, 1848, pp. 85-105, pl. VI. Blois, in-8°.)

Recherches sur les décorations militaires des Romains; explication de quelques pierres gravées antiques dont l'usage était resté inconnu.

28. Notes sur la monnaie attribuée aux Sotiates. — (*Rev. arch.*, t. IV (1847-48), 2e partie, pp. 774-775. Paris, in-8°.)

1849.

29. Observations sur des médailles et inscriptions latines qu'on dit avoir été trouvées à Orléansville. — (*Ibid.*, t. V, 2e partie, pp. 570-571.)

Démonstration de la fausseté de ces objets.

30. *Notice des monuments exposés dans la salle des antiquités grecques au Musée du Louvre*. Paris, in-12.

31. Inscriptions grecques de Mayorque. — (*Rev. arch.*, t. VI, 1re partie, pp. 38-41. Paris, in-8°.)

32. Stèle portant une inscription métrique en l'honneur d'un *mirmillo dimachærus*. — (*Ibid.*, pp. 198-200.)

33. Notes sur les phalères et les enseignes militaires des Romains. — (*Ibid.*, pp. 324-328, 3 vignettes.)

Supplément au travail précédent, n° 27.

34. Figurine antique de bronze représentant Hercule Ogmius. — (*Ibid.*, pp. 383-388, vign.)

1850.

35. Junon Anthéa. — (Extr des *Mém. de la Soc. des Antiq. de France*, t. XX, 1850, pp. 165-186, pl II. Paris, in-8°.)

Illustration d'un passage du 5e livre des *Fastes* d'Ovide; explication de deux vases peints, et conjectures sur l'origine des FLORALIA.

36. Inscription gallo-latine, tracée à la pointe sur un vase de terre. — (*Revue arch.*, t. VI, 2e partie, pp. 554-556, vign. Paris, in-8°.)

37. Enseignes militaires des Romains. — (Extr. de la *Rev. num.*, 1850, pp. 235-238.)

1851.

38. Note sur les armes des gladiateurs. — (*Rev. arch.*, t. VIII, 1re partie, pp. 323-327, pl. CLXV. Paris, in-8°.)

39. Annot. à la l. XXVIII du Bon Marchant. Nouv. éd. de 1851, pp. 434 et suiv. — (Monnaies de Vabalathe, de Romulus, etc.)

1852.

40. Interprétation du type figuré sur les deniers de la famille Hosidia, et remarques sur l'orthographe et la prononciation du grec en Italie. — (Extr. des *Mém. de la Soc. des Antiq. de France*, t. XXI, 1852, pp. 354-374. Paris, in-8°.)

41. Compte rendu. Études sur l'alphabet ibérien et sur quelques monnaies autonomes d'Espagne, par P.-A. Boudard. — (*Athen. franç.*, t. I, 1852, pp. 22-23.)

42. Lettre à M. Ch. Lenormant sur deux vases peints antiques du Musée du Louvre. — (*Rev. arch.*, t. VIII, 2e partie, 1851-52, pp. 621-630, pl. CLXVII et CLXVIII coloriées.)

43. Notice sur un vase gaulois de la collection du Louvre. — (Extr. du *Bulletin de l'Acad. royale des sciences, des lettres et des beaux-arts de Belgique*, 1re série, t. XIX, 1852, pp. 395-401, 2 planches. Bruxelles, in-8°.)

1853.

44. Figurine de bronze représentant un sphinx ailé et barbu, achetée au Caire par M. Le Moyne, ancien consul général de France à Alexandrie. — (*Annuaire de la Soc. des Antiq. de France*, pour 1854, p. 106, séance du 28 février 1853.)

Ce bronze n'est certainement pas d'origine égyptienne; on peut le comparer au sphinx d'Hadrumète sur les monnaies d'Albin.

45. Tombeaux de Cumes. — (*Athen. franç.*, t. II, 1853, p. 325.)

46. L'Æon de la ville d'Hadrumète. — (*Annuaire de la Soc. des Antiq. de France*, pour 1854, p. 106, séance du 28 février 1853. — Cf. *Athen. franç.*, t. II, 1853, p. 223. — *Rev. arch.*, n. s., t. X, 1864, pp. 333-334. — *Rev. num.*, 1865, pp. 213-214.)

1854.

47. Acquisition de divers bronzes antiques pour le Musée du Louvre. — *Annuaire de la Soc. des Antiq. de France*, pour 1855, pp. 98-99, séance du 1er mars 1854.)

48. Rectifications numismatiques. Numismatique cilicienne. — (*Rev. num.*, 1854, pp. 136-142. Blois, in-8°.)

Corrections d'erreurs commises par M. Victor Langlois dans le premier cahier de 1854, pp. 5-24.

49. Inscription d'Aurelia Theodosia à Amiens. — (*Athen. franc.*, t. III, 1854, pp. 395-396.)

1855.

49bis. Note sur un bas-relief grec du Louvre. — (*Bull. arch. de l'Athen. franç.*, 1re année, pp. 6-7, vign. Paris, in-4°.)

Application d'un passage d'Appien relatif à Lysimaque.

49ter. Cartel de bronze portant une dédicace aux *Mères*. — (*Ibid.*, p. 16.)

50. Remarque sur une stèle grecque du Musée de Leyde. Monogrammes chrétiens. — (*Ibid.*, pp. 33-34, vign.)

51. Inscriptions grecques et latines de M. Raoul Rochette. — (*Ibid.*, p. 52.)

51bis. Vase du Musée de Naples, sur lequel on voit Darius et les Perses. — (*Ibid.*, p. 52.)

51ter. Vase peint du British Museum, sur lequel est peint Persée à la cour de Céphée. — (*Ibid.*, p. 52.)

51quat. Danné et Acrisius. — (*Ibid.*, p. 52.)

52. Marbres de Cyzique donnés au Louvre par M. Waddington. — (*Ibid.*, p. 60.)

53. Transcription d'un papyrus contenant des fragments du XVIIIe chant de l'*Iliade*. — (*Ibid.*, pp. 61-63.)

4. Inscription chrétienne de Sfax. — (*Ibid.*, p. 68.)

55. Bronzes antiques acquis par le Louvre. Vénus, Omphale, Guerrier nu, casqué. — (*Ibid.*, p. 68.)

56. Marbre en forme de clypeus, dédié aux dieux par un stratège des Camiriens (de Rhodes). — (*Ibid.*, p. 76.)

La provenance de ce marbre, donné à M. de Longpérier par M. le vicomte H. de Janzé, est absolument inconnue.

57 Poids fabriqué sous Justinien Ier. — (*Ibid.*, p. 84, 2 vign.)

58. Inscription antique de Nizy-le-Comte (Aisne). — (*Ibid.*, p. 100.)

59. Cybèle et Atys, hexagone de marbre *palombino*. — (*Ibid.*, pp. 106-107, pl. VI.)

1856.

60. Découverte d'un édifice dédié à Marc-Aurèle, à Ramleh (Égypte). — (*Ibid.*, 2e année, p. 24.)

61. Poids de bronze trouvé à Kustendjé (Dobrutcha). — (*Ibid.*, p. 24.)

62. Statue d'un dieu dédiée à un autre dieu. — (*Ibid.*, p. 32.)

63. Papyrus grec; fragment du VIe chant de l'*Iliade*. — (*Ibid.*, pp. 39-40.)

64. Antiquités gauloises. Le Guerrier mourant du Capitole. — (*Ibid.*, pp. 41-43, pl. III.)

65. Buste de la prêtresse Mélitiné, trouvé au Pirée. — (*Ibid.*, p. 56.)

66. Inscription latine trouvée près d'Arlon. — (*Ibid.*, p. 72.)

67. Conjecture sur l'origine de l'impératrice Marcia Otacilia Severa. — (*Ibid.*, p. 73-74, vign.)

68. Inscription d'Apollonide de Smyrne en l'honneur de Cybèle. — (*Ibid.*, p. 80.)

69. Note sur la forme de la lettre E dans les légendes de quelques médailles gauloises. — (Extr. de la *Rev. num.*, 1856, pp. 73-87. Paris, in-8°.)

69bis. Médaillon de Marc-Aurèle. — (*Ibid.*, pp. 208-209.)

1857.

70. Compte rendu critique de la *Numismatique ibérienne*, de M. P. A. Boudard, in-4° — *Revue num.*, 1857, pp. 181-183.)

71. Hache trouvée dans la forêt de Senart. (Seine et Marne.) — (*Bull. de la Soc des Antiq. de France*, p. 46, séance du 21 janv.)

72. Observations sur un sarcophage *faux* provenant de Tarragone. — (*Ibid.*, p. 102-103, séance du 3 juin.)

1858.

73. Restitution du nom d'Origanio dans une inscription de Limoges où l'on voyait le nom de Jésus. — (*Ibid.*, 1858, pp. 125-127, séance du 21 juillet.)

Cf. le nom d'Origanion dans la *Batrachomyomachia* et le nom du précepteur Origanion dans l'autobiographie de Marc-Aurèle.

74. Larissa Ephesia. — (*Rev. num.*, 1858, pp. 447-450, vign. Paris, in-8°.)

1859.

75. Monnaies gauloises à la légende ROVECA. — (*Ibid.*, 1859, pp. 100-103. Paris, in-8°.)

76. Médailles grecques de la collection Palin. — (*Ibid.*, pp. 109-123, pl. III.)

77. Observations sur les monnaies portant l'effigie de Trajan père. — (*Ibid.*, pp. 137-147, pl. IV.)

78. Compte rendu du *Dictionnaire des Antiquités romaines et grecques*, par Anthony Rich, in-8°. — (*Ibid.*, pp. 261-265.)

79. Phalères grecques archaïques. — (*Bull. de la Soc. des Antiq. de France*, 1859, pp. 75-76, séance du 16 février.)

80. Ex-voto en forme de feuille d'arbre, consacré au Deus Æternus par Marcus Popilius Arbustius, bronze. — (*Ibid.*, p. 81-82, séance du 9 mars.)

81. Situle de bronze en forme de tête offrant le type de la race rouge du Nouveau Monde. — (*Ibid.*, p. 83-105, séance du 16 mars.)

82. Statues de divinités avec ornements ajoutés après coup. — (*Ibid.*, p. 98-128, séance du 6 avril.)

83. Figurine de Mercure, bronze antique trouvé dans le jardin du Luxembourg. — (*Ibid.*, p. 127, séance du 15 juin.)

84. Fibules irlandaises en forme de chenilles. — (*Ibid.*, p. 150-151, séance du 13 juillet.)

1860.

85. Note sur les monnaies de Romulus, fils de Maxence. — (*Revue num.*, 1860, pp. 36-42. Paris, in-8°.)

86. Note sur la forme de la lettre F dans les légendes de quelques médailles gauloises. — (*Ibid.*, pp. 175-189.)

87. Notes sur les noms Voluntillius et Ambillius. — (*Ibid.*, pp. 425-431.)

1861.

88. Lettre de Vaillant. — (*Ibid*, 1861, pp. 64-67.)

89. Monnaies de plomb d'Alise. — (*Ibid.*, pp. 253-256, 3 vignettes. — Voy. aussi *Comptes rendus de l'Acad. des Inscr.*, 1861, pp. 88-89.)

90. Orgitirix, fils d'Atepillus. — (*Rev. num.*, 1861, pp. 326-327.)

91. Monnaies des Salasses. — (*Ibid.*, pp. 333-347, pl. XV.)

92. Monnaies du Sérapéum de Memphis. Trouvaille de Myt-Rahineh. — (*Ibid.*, pp. 407-428, pl. XVIII.)

1862.

93. De quelques médailles de Marcus Vipsanius Agrippa. — (*Rev. num.*, 1862, pp. 32-40. Paris, in-8°.)

94. Examen des monnaies grecques ayant pour type le *Tau*, par Ludwig Müller. Copenhague 1859, in-8°, 1 planche. Examen critique. — (*Ibid.*, pp. 301-305.)

95. Réfutation de l'authenticité des monuments de Neuvy-sur-Baranjon (briques avec inscriptions). Toutes ces inscriptions sont de la même main et appartiennent à un même système paléographique qui n'est nullement celui de l'antiquité. — (*Bull. de la Soc. des Antiq. de France*, 1862, p. 40, séance du 19 février.)

96. M. de Longpérier, invité par le président à formuler un avis sur l'objet de bronze trouvé à Caudrot, dans la Garonne, considère ce beau fragment comme provenant de l'une des branches d'un trépied, et le compare au trépied d'Industria, conservé à Turin. — (*Ibid.*, pp. 126 et 135, séances du 19 nov. et du 10 déc.)

1863.

97. Note sur les sols d'or de Maurice, Phocas, Héraclius et Clotaire, frappés à Arles, Marseille et Viviers, trouvés à Sarre (Kent). — (*Ibid.*, 1863, pp. 106-107, séance du 8 avril.)

98. Bijoux d'or très antiques trouvés dans l'île de Rhodes. — (*Ibid.*, pp. 113-114, séance du 15 avril.)

99. Trois pierres percées de part en part; la première trouvée en France, la seconde au Pérou, la troisième dans l'Afrique méridionale; celle-ci est emmanchée. Question des pierres percées. — (*Ibid.*, p. 122, séance du 13 mai.)

100. Haches de pierre de Meaux et Provins. Hache de Toulouse avec partie dépolie. — (*Ibid.*, p. 132-133, séance du 3 juin.)

101. Détails sur les stèles phocéennes récemment découvertes à Marseille. — (*Comptes rendus de l'Acad. des Inscript.*, 1863, pp. 339-340, et aussi *Bull. de la Soc. des Antiq. de France*, 1863, pp. 190-191, séance du 18 novembre.)

102. Sous d'or de Marseille. — (*Rev. num.*, 1863, pp. 77-78. Paris, in-8°.)

103. *Ueber die sogenannten Regenbogen-Schüsselchen*, par Fr. Streber. Munich, 1860 à 1861, in-4°, 11 planches. — Examen critique. — (*Ibid.*, pp. 141-151, pl. IV et V, 3 vign.)

104. Note sur la terminaison OS dans les légendes de quelques monnaies gauloises. — (*Ibid.*, pp. 160-168.)

105. Domitia Lucilla, mère de Marc-Aurèle. — (*Ibid.*, pp. 242-250, vign.) — Analysé dans les *Comptes rendus de l'Acad. des Inscript.*, 1863, pp. 201-203.

106. Domitia Lucilla. *Addition*. — (*Rev. num.*, 1863, p. 465-466.)

107. Coins antiques. — (*Ibid.*, pp. 289-293.)

108. Note on the coins inscribed OYEPBIANΩN.—(*Num. Chronicle*, 1863, p. 196-197.)

1864.

109. Note sur des monnaies de plomb d'Alise, de Perthes et de Mont-Berny. — (*Comptes rendus de l'Acad. des Inscript.*, 1864, pp. 273-276.)

110. Lettre à M. Louis de la Saussaye sur un médaillon (d'or) de Constantin le Grand. — (*Rev. num.*, 1864, pp. 112-117, vign. Paris, in-8°.)

111. De l'Anousvara dans la numismatique gauloise. — (*Ibid.*, pp. 333-350.)

112. Note sur les objets trouvés en 1863 dans le tumulus de Walbetz. — (*Bull. de la Soc. des Antiq. de France*, 1864, pp. 138-140, séance du 16 novembre.)

1865.

113. Inscriptions grecques d'une coupe bachique de l'époque post-alexandrine. — (*Bull. de la Soc. des Antiq. de France*, 1865, pp. 36 et 40, séances du 4 et du 18 janvier.)

114. Présentation d'un médaillon de Priscus Attalus, représentant Rome assise et expliquant la fibule trouvée à Maizières-les-Vic (Meurthe). — (*Ibid.*, pp. 38-39, séance du 11 janvier.)

115. Inscriptions latines de Nice. — (*Rev. arch.*, n. s., t. XII, 1865, pp. 187-192.)

116. Observations sur trois médaillons romains de bronze. — (*Rev. num.*, 1865, pp. 401-417, pl. XVIII. Paris, in-8°.)

1866.

117. Monnaies de plomb de Mediolanum trouvées au Mont-Berny. — (*Ibid.*, 1866, pp. 1-8, 7 vignettes. Paris, in-8°.)

118. Recherches sur les ateliers monétaires. Dioclétien et la tétrarchie. — (*Ibid.*, pp. 156-164.) — Communication analysée dans les *Comptes rendus de l'Acad. des Inscript.* pour 1866, pp. 299-303, et dans la *Rev. arch.*, n. s., t. XIV, 1866, pp. 221-222.

119. Monnaie d'OEsymé de Thrace. (*Rev. num.*, 1866, pp. 310-313.)

120. Romulus, fils de Maxence. (*Ibid.*, pp. 221-223.)

121. Monnaie incuse de Rhegium.— (*Ibid.*, pp. 265-277, et dans les *Comptes rendus de l'Acad. des Inscript.*, 1866, pp. 342-353.)

122. Observations sur une figure de Bacchus privée du bras gauche. — (*Revue archéol.*, n. s., t. XIII, 1866, pp. 145-151, vign. Paris, in-8°.)

123. Fibules antiques à pas de vis. — (*Ibid.*, n. s., t. XIV, 1866, pp. 103-108, 2 vignettes. Paris, in-8°.)

124. Sur l'inscription de Tétricus trouvée à Dijon, et sur le nom Ésuvius. — *Bull. de la Soc. des Antiq. de France*, 1866, pp. 78-80, séance du 6 juin. — (Cf. *Ibid.*, 1866, pp. 69-70, séance du 20 mars.)

124bis. Du système de marqueterie nommé *il maschio* et *la femmina* comparé à certaines mosaïques antiques. — (*Ibid.*, pp. 81-82.)

125. Observations sur les miroirs faux et les monuments de plomb. — (*Comptes rendus de l'Acad. des Inscript.*, 1866, pp. 98-99.)

126. Bas-relief de Strasbourg représentant Éon léontocéphale et clefs à protome de lion. — (*Bull. de la Soc. des Antiq. de France*, 1866, pp. 147-149, séance du 12 décembre.)

1867.

127. Discours d'ouverture du Congrès international d'archéologie et d'anthropologie préhistoriques. — (Extr. des *Comptes rendus* de la 2e session du *Congrès international d'anthropologie et d'archéologie préhistoriques* qui s'est réuni en 1867 à Paris, p. 27.)

128. Jarres cylindriques trouvées en Corse, fermées des deux bouts, et renfermant un cadavre placé dans le vase de terre avant la cuisson. — (*Ibid.*, p. 160.)

129. Sur la composition du bronze antique et les analyses de M. Fellenberg. — (*Ibid.*, p. 255.)

130. Du sanglier d'Érymanthe tel qu'il était représenté au temple de Jupiter à Olympie. — (*Ibid.*, p. 284.)

131. Sur les dragons de l'antiquité, leur véritable forme, et sur les animaux fabuleux des légendes. — (*Ibid.*, pp. 285-286.)

132. Considérations sur l'usage des monnaies dans la haute antiquité. (*Ibid.*, pp. 305-307.)

133. Médaillon numide. — (*Rev. num.*, 1867, pp. 155-156, vign. Paris, in-8°.)

134. Denier d'argent de la famille Atia. — (*Ibid.*, pp. 314-315 et 472-473, vign.)

135. Description de deux figures de bronze très antiques trouvées près de Pérouse. — (*Bull. de la Soc. des Antiq. de France*, 1867, pp. 50-51, séance du 28 janvier.)

136. D'un vase antique de terre trouvé à Lisieux et restauré dans l'antiquité même avec des agrafes de bronze. Autres exemples de restaurations antiques de vases peints. — (*Ibid.*, pp. 54-55, séance du 6 février.)

137. Pierre gravée basilidienne représentant le Christ en croix. — (*Ibid.*, p. 111, vignette, séance du 12 juin.)

138. Pierre gravée basilidienne représentant le moissonneur coupant des épis; énumération des monuments numismatiques au même type. — (*Ibid.*, pp. 121-122, vignette, séance du 10 juillet.)

139. Note sur les marbres de la rue Vivienne trouvés en 1751, et indication de l'origine italienne de l'urne d'Ampudia Amanda. — (*Ibid.*, pp. 127-130, séance du 7 août, et aussi *Bull. de la Soc. de l'hist. de Paris*, 1re année, 1874, pp. 73-79.)

140. De deux disques antiques appartenant au Musée de Pesth et qui appartiennent vraisemblablement à l'époque de Stilicon. Comparaison des détails qu'offrent ces terres cuites avec les symboles des médailles du même temps. — (*Bull. de la Soc. des Antiq. de France*, 1867, pp. 148-149, séance du 13 novembre).

141. Médaillon de terre cuite trouvé à Cavillargues (Gard), représentant un combat de gladiateurs.

Il faut rapprocher ce monument des objets de Stein-am-Anger, dont il a été question dans la séance du 13 novembre 1867. — (*Ibid.*, pp. 148 et 187, séance du 13 novembre.)

142. Tablette de bronze trouvée à Gibraltar. Note sur les monnaies à la légende LASCVTA. — (*Comptes rendus de l'Acad. des Inscr.*, séance du 24 décembre, pp. 271-275.) — Cf. les observations présentées sur le même objet le 4 octobre par M. L. Renier, avec un dessin exécuté pour M. de Longpérier. — (*Ibid.*, pp. 267-271 et pp. 225-226.)

143. Inscriptions en l'honneur de Quirinus trouvées à Vilette (Isère) — (*Ibid.*, pp. 319-321.)

M. Allmer a cru par erreur que les observations qui les accompagnent avaient été suggérées à M. Géry, qui en a envoyé seulement la copie.

1868.

144. *Notice des bronzes antiques exposés dans les galeries du Musée impérial du Louvre.* N°s 1 à 1022. — (Paris, in-8°.)

145. Note sur le vers 2 de l'hymne à Hécate et le personnage de Baubo. — (Dans les *Mélanges de littérature grecque*, de M. E. Miller, membre de l'Institut. Paris, 1868, pp. 459-466, in-8°.)

146. Médaille d'Adrien frappée à Corinthe. — (*Rev. num.*, 1868, pp. 133-134. Paris, in-8°.)

147. Quinaire attribué à la famille Curtia. — (*Ibid.*, pp. 229-230.)

148. Trésor de Tarse. — (*Ibid.*, pp. 309-336, pl. X-XIII, et *Rev. num.*, 1869-1870, p. 133.)

149. Classement des monnaies romaines. — (*Ibid.*, pp. 395-396.)

150. Notice sur deux bustes d'Auguste et de Livie, récemment acquis pour le Musée du Louvre. — (*Comptes rendus de l'Acad. des Inscr.*, 1868, p. 286 et pp. 322-324.)

151. Ex-voto antique trouvé à Meaux. — (*Ibid.*, pp. 432-435.) — Seconde édit., avec addit., dans l'*Almanach de Seine-et-Marne*, 1874, pp. 82-88, vignettes. — Voir, au sujet du *Mercurius Adsmerius*, le *Journ. des Sav.*, 1881, p. 140.

1869.

152. Bias de Priène. — (*Rev. num.*, 1869-1870, pp. 378-384, vign. Paris, in-8°. Analysé dans les *Comptes rendus de l'Acad. des Inscr.* 1870, pp. 287-291.)

153. Musée Napoléon III. Choix de monuments antiques pour servir à l'histoire de l'art en Orient et en Occident. Planches gravées et en couleur, 29 livraisons. Paris, gr. in-4°. La première livraison a paru en 1869.

1870.

154. Mosaïque de Lillebonne. — (*Comptes rendus de l'Acad. des Inscr.*, 1870, pp. 31-32.)

1871.

155. Tétradrachme d'Orophernès, roi de Cappadoce. — (*Ibid.*, 1871, pp. 83-89.)

156. Note sur un cachet d'oculiste romain. — (*Comité archéol. de Senlis*, t. VII, 1869-1871, pp. XXI-XXII.)

157. Présentation à l'Académie des Inscriptions de photographies des bas-reliefs trouvés dans les fouilles de Saint-Marcel : quatre blocs sculptés, parmi lesquels trois *génies de Mars*, chargés des armes du dieu, et une figure à trois visages ayant pour symbole une tête de bélier, divinité qui était déjà connue sur un certain nombre de pierres trouvées à Reims, Autun, Beaune. — (*Rev. arch.*, n. s., t. XXII, 1870-1871, p. 325, et *Comptes rendus de l'Acad. des Inscr.*, 1871, pp. 378-379.)

1873.

158. Communication relative aux derniers résultats des fouilles opérées sur le terrain de l'ancien cloître Saint-Marcel, à Paris. — Découverte d'antiquités faite rue Nicole, à Paris. — Nouvelle inscription découverte à Paris au champ Saint-Marcel. — (*Comptes rendus de l'Acad. des Inscript.*, 1873, pp. 220-223. — *Ibid.*, pp. 281-283. — *Ibid.*, p. 288.)

158bis. Note sur une monnaie antique de Sicile. — (*Ibid.*, pp. 243-250.)

159. Fouilles dans les terrains du cloître Saint-Marcel. — (*Rev. arch.*, n. s., t. XXVI, pp. 190-193, 2 vignettes.)

160. Stèle antique trouvée dans le jardin de l'abbaye de Port-Royal-en-Ville, à Paris. — (*Ibid.*, pp. 259-262, vignette.)

161. Note sur quelques terres cuites cypriotes. — (*Comité archéol. de Senlis*, t. IX, pp. XL-XLI.)

162. Les pierres écrites des Arènes de Lutèce. — (Extr. du *Journ. des Sav.*, pp. 641-657, planche. Paris, in-4°.)

1874.

163. Monnaie de Cyrène. — (*Rev. num.*, 1874-1877, pp. 109-110, 2 vignettes. Paris, in-8°.)

164. Pélops et Hippodamie, médaille de Smyrne. — (*Ibid.*, pp. 117-123, vignette.)

165. Mantinea. — (*Ibid.*, pp. 166-168, 2 vignettes.)

165bis. Ichnæ de Macédoine. — (*Ibid.*, pp. 168-169.)

166. Vase cypriote avec double face humaine; description et observations sur quelques erreurs de M. Schliemann. — (*Comptes rendus de l'Acad. des Inscr.*, 1874, pp. 94-95.)

167. Vase de bronze trouvé dans la Sienne (environs de Coutances). Détails sur les ustensiles de bronze avec estampille des fabricants *Draccius* et *Pudens*. Fabrication au tour. — (*Ibid.*, pp. 110-112.)

168. Terre cuite de ronde-bosse, d'art carthaginois de la haute antiquité. — (*Ibid.*, pp. 206-208.)

169. Sur deux inscriptions latines portant les noms des dieux des palestres, Mercure et Hercule, trouvées à Châlon sur Saône, — (*Ibid.*, pp. 212-213.)

170. *Numismatique alexandrine*. Examen critique de l'ouvrage de M. F. Feuardent. — (Extr. du *Journ. des Sav.*, 1873, pp. 746-757, vignettes.)

1875.

171. Inscription tracée à la pointe sous le pied d'un vase grec. — (*Rev. archéol.*, n. s., t. XXX, 1875, pp. 115-118, vignette. Paris, in-8° — *Comptes rendus de l'Acad. des Inscript.*, 1875, p. 186.)

Cette note a été lue devant l'Acad. des Inscript. dans sa séance du 16 juillet 1875.

172. Sur les antiquités de l'île de Santorin. — (*Comptes rendus de l'Acad. des Inscript.*, 1875, pp. 182-184.)

Cet article est un des plus importants de tous ceux qu'ait écrits M. de L., malgré la concision de la rédaction. On y trouve la confirmation, avec développements, de l'assimilation des vases de Santorin avec ceux qui sont peints dans une chambre sépulcrale du temps de Thoutmès III. — (Cf. *Athenæum français*, t. III, 1854, pp. 418-419, et *Notice des monuments assyriens du Louvre*, 1854, p. 17.)

Depuis 1854, cette observation capitale pour les synchronismes de l'histoire de l'industrie, sinon de l'art, a été empruntée à M. de L. L'emprunt n'a pas été arrêté par cette nouvelle note lue à l'Académie et publiée par le *Journal Officiel*.

173. Sur le temple de Mercure découvert au pied du Puy-de-Dôme. — (*Comptes rendus de l'Acad. des Inscript.*, 1875, pp. 185-186.)

174. Annonce des découvertes d'antiquités faites près du chevet de l'église Saint-Pierre de Montmartre. — (*Ibid.*, séance du 21 mai, pp. 103-105. — Cf. *Rev. arch.*, n. s., t. XXXI, 1876, p. 362.)

1876.

175. Le nom gaulois Atepomarus dans une inscription trouvée à Paris. — (Extr. du *Musée arch.*, t. Ier, pp. 37-42. Paris, in-8°.)

176. Un faux dieu. Observations sur un bas-relief de Strasbourg. — (*Ibid.*, pp. 279-293, 4 vignettes.) — Stèle du *miles* Leontius prise pour une représentation du dieu Leherennus.

177. Réponse à M. Mowat au sujet des figures tricéphales de Reims, Paris, etc., dont il veut faire des Janus quadrifrons. — (*Comptes rendus de l'Acad. des Inscript.*, 1875, pp. 351-352.)

1877.

178. Balle de fronde antique. — (*Journ. des Sav.*, 1877, pp. 577-580.)

179. Eine nordetruskische Münzaufschrift. — (*Ibid.*, p. 635.)

180. Monuments de l'astronomie grecque. — (*Ibid.*, pp. 700-704, vignette.)

181. Monuments antiques découverts dans les terrains du cimetière Saint-Marcel. — (*Comptes rendus de l'Acad. des Inscript.*, 1877, pp. 129-130.)

1880.

182. Intaille antique représentant le jugement de Salomon. — (*Ibid.*, 1880, pp. 275-280, vign.)

1881.

183. Note sur une tessère gravée en creux et sur un cachet d'oculiste antique. — (*Comptes rendus de l'Acad. des Inscript.*, 1881, pp. 223-224.)

184. Découvertes archéologiques à Poitiers. — (*Journ. des Sav.*, mars 1881, pp. 140-148. Paris, in-4°.)

185. *Della antica città d'Industria*, etc., par M. Ariod. Fabretti. — Compte rendu critique. — (*Ibid.*, sept., pp. 566-578.)

186. Un portrait de la Pythie. (Explication nouvelle d'une médaille de Syracuse.) — Mémoire lu à la séance du mercredi 14 décembre 1881 de la Soc. des Antiquaires. — (*Mémoires de la Société des Antiq. de France*, t. XLII, 1881, pp. 1-8. — 2 vignettes.)

187. Vase d'argent antique appartenant à M. le baron Seillière. — (*Gazette archéol.*, t. VIII, 1883, pp. 1-7, pl. I, 1880.)

188 Statue du temple d'Auguste à Ancyre de Galatie. — (*Gazette archéol.*, t. VII, 1881-1882, pp. 73-76, pl. XIII; 24 décembre 1881.)

C. — ARCHÉOLOGIE DU MOYEN AGE ET DE LA RENAISSANCE.

1837.

1. Monnaies inédites de quelques prélats français. — (Extr. de la *Rev. num.*, 1837, pp. 360-369, pl. XII. Blois, in-8°.)

Considérations exceptionnelles qui ont fait placer le nom d'un archevêque sur la monnaie de Lyon ; monnaies de Vienne, d'Embrun, de Gap.

1837-1838.

2. Les articles *amphore*, *amulette*, *anneau* (archéologie), *argent* (numismatique), *autonomie*, *augustale*, (id.), *Barthélemy* (abbé), *Batz*, etc., *as* (numism.), *angelot* (id.), *type* (id.), etc. (Encyclopédie du XIXe siècle.)

1838.

3. Numismatique. Lettre au directeur de l'*Art en province*, p. 205, in-4°.

Discussion sur l'imitation des types monétaires, à l'occasion de la découverte de plusieurs deniers de Montluçon, de Souvigny et de Nevers.

4. Gold triens with *Dorovernis*. — (*Numismatic Journal*, t. II, pp. 232-233, vignette. London, in-8°.)

C'est la première tentative d'attribution d'une monnaie d'or aux Anglo-Saxons. Vivement contestée dans l'origine, elle a été depuis généralement admise par les numismatistes de l'Angleterre.

1839.

5. Monnaies inédites de quelques prélats dauphinois. — (Extr. de

la *Revue du Dauphiné*, t. III, 1839, pp. 246-251, planche. Valence, in-8°.)

6. Jean Goujon. — (Extr. du *Plutarque français*, t. III, pp. 19-24. Paris, in-8°.)

Biographie de cet artiste réduite à ses justes limites; considérations sur l'erreur des historiens qui placent sa mort le jour de la Saint-Barthélemy.

7. Sceaux des monnayeurs. — (*Rev. num.*, 1839, pp. 215-216, vign. Blois, in-8°.)

8. Restitution à la ville de Saintes d'une monnaie attribuée à Autun. — (*Ibid.*, pp. 252-256, vign.)

9. Monnaie de Guillaume, comte de Bourges. — (*Ibid.*, pp. 366-370, vign.)

1840.

10. *Monnaies françaises inédites du cabinet de M. Dassy.* Paris, Techener, in-8°.)

11. Figurines de fer. — (Extr. des *Mém. de la Soc. des Antiq. de France*, t. XV, 1840, pp 388-397, vign. et planche. Paris, in-8°.)

12. Liste des noms de lieux où l'on a battu monnaie depuis l'invasion des Francs jusqu'à la mort de Charles le Chauve. — (*Annuaire de la Soc. de l'Hist. de France* pour 1841, pp. 211-230. Paris, in-18.)

13. Recherches s les monnaies de Meaux. — (Extr. de la *Rev. num.*, 1840, pp. 128-153, pl. VIII-XI. Blois, in-8°.)

14. Notice sur quelques monnaies inédites de Reims. — (*Ibid.*, pp. 332-343, pl. XXII.)

Monographie de la monnaie de Reims depuis les Gaulois jusqu'au XIXe siècle. Classification nouvelle des monnaies frappées par les archevêques.

15. Remarkable gold coin of Offa. — (*Num. Chron.*, t. IV, pp. 232-234, vign. London, in-8°.)

1841.

16. Triens de *Dorovernis*. — (*Rev. num.*, 1840, pp. 425-438.) — (*Ibid.*, 1838, pp. 469-470.)

1842.

17. Note on some coins of the Cuerdale find. — (*Ibid.*, t. V, pp. 117-120.)

C'est le premier essai qui ait été fait pour l'explication des nombreuses monnaies trouvées à Cuerdale. L'auteur, rapprochant les légendes de ces deniers de divers textes, a montré qu'ils ont été frappés au Xe siècle par des chefs danois qui, sous le nom de rois de la mer, ont occupé York et diverses îles voisines des côtes orientales de l'Angleterre.

18. The gold *mancus*. — (*Ibid.*, t. V, pp. 122-124.)

La monnaie d'or du roi de Mercie, copiée complètement d'après un dinar du khalif Haroun-el-Raschid, a conduit l'auteur à penser que le *mancus*, si fréquemment cité dans les textes, devait son origine aussi bien que son nom aux Arabes.

19. Description de quelques monuments émaillés du moyen âge. — (Extr. du *Cabinet de l'Amateur et de l'Antiquaire*, t. I, pp. 145-160, planche et 4 vignettes. Paris, in-8°.)

Origine gauloise des émaux à cloisons ; examen d'un passage de Philostrate. Réfutation de l'opinion suivant laquelle les émaux de Limoges seraient faits par des artistes byzantins.

20. Vision de sainte Bathilde. — Planche gothique. — Paris, in-8°. — (*Cab. de l'Amat. et de l'Antiq.*, t. I, pp. 367-368.)

21. Denier d'Hervé, évêque de Beauvais, frappé avec le nom de Hugues Capet. — (Extr. de la *Rev. num.*, 1842, pp. 105-107, vign. Blois, in-8°.)

1843.

22. Monnaies normandes. — (Extr. de la *Rev. num.*, 1843, pp. 52-62, pl. V et vign.)

1844.

23. Observations sur le type de quelques deniers de Pépin, roi de France. — (*Rev. num.*, 1844, pp. 95-96, vign. Blois, in-8°.)

24. Monnaies frappées pour le Roussillon par les rois d'Aragon, comtes de Barcelone. — (*Ibid.*, pp. 278-294, pl. VI, et vignette.)

Monographie numismatique du Roussillon. L'auteur fait voir que les monnaies attribuées à la colonie romaine Ruscino doivent être restituées à la colonie de Béryte. A l'aide de divers textes catalans et espagnols, il commente les monnaies jusque-là inconnues, fabriquées pour les rois d'Aragon, et montre l'origine des *marabotins* cités dans les chartes du XIIIe siècle.

1845.

25. **Reliquaire de saint Charlemagne.** — (Extr. du tome I de la *Revue archéol.*, 1844-1845, 2e partie, pp. 525-532, pl. XV. Paris, in-8°.)

Dissertation dans laquelle l'auteur établit que ce monument a été fabriqué en 1166, lors de la translation des reliques de Charlemagne par Frédéric Barberousse.

26. **Le dit des trois morts et des trois vifs.** — (Extr. de la *Rev. archéol.*, t. II, 1re partie, p. 243; planche coloriée. Paris, in-8°.)

Analyse des poèmes relatifs à ce sujet. Explication de diverses peintures et sculptures. Restitution de vers philosophiques italiens tracés dans une peinture du Campo Santo de Pise.

27. **Meaux.**

(La notice historique sur cette ville fait partie de la collection intitulée : *Histoire des villes de France.* Paris, in-8°.)

1846.

28. **Notice sur les figures velues employées au moyen âge dans la décoration des édifices, des meubles et des ustensiles.** — *Revue arch.*, t. II, 2e partie, pp. 500-519, 16 vignettes.)

29. **Lettre à M. de la Saussaye sur quelques pièces satiriques relatives à la Révolution française.** — (*Rev. num.*, 1846, pp. 81-84. Blois, in-8°.)

Explication des jeux de mots anglais introduits dans les légendes et les types de quelques jetons fabriqués à Birmingham, pendant la Révolution française.

1847.

30. **Supplement to the illustration of the anglo-french coinage, du colonel Ainslie.** — (2 planches. London, in-4°.)

Le texte qui concerne les monnaies existant dans des collections françaises a été rédigé par M. de L. Ces monnaies constituent la plus grande partie de ce *Supplément* publié par M. Hearne.

1848.

31. *Notice de monnaies françaises composant la collection de M. Jean Rousseau, accompagnée d'indications historiques et géographiques.* — (Vignettes et 3 planches. Paris, in-8°.)

Prix de numismatique en 1848.

32. Crosse double du XIIIe siècle. — (Extr. de la *Rev. arch.*, t. IV, 2e partie, pp. 816-824, pl. LXXIX. Paris, in-8°.)

Divers documents, entre autres des monnaies, font voir que cet insigne appartenait à un prélat ou à un abbé pourvu d'un double gouvernement.

33. Note sur un mouton d'or inédit, frappé en Normandie pour Henri V, roi d'Angleterre. — (Extr. de la *Rev. arch.*, t. V, 1re partie, pp. 257-265, vignette.)

34. Description de quelques monnaies de Picardie. — Extr. du t. IX, pp. 67-82 des *Mém. de la Soc. des Antiq. de Picardie*, planche. Amiens, 1848, in-8°.)

Explication des deniers des comtes et des évêques d'Amiens, des abbés de Corbie, de Saint-Médard de Soissons, de Louis VII à Compiègne; monnaie de Corbie, frappée au XIIe siècle, avec une légende en français.

1849.

35. Études sur quelques monnaies carlovingiennes. — (*Rev. arch.*, t. V, 2e partie, pp. 495-499, 2 vignettes.)

36. Dissertation sur deux monnaies frappées en Provence par les comtes de Forcalquier : I. Monnaie de la ville de Manosque. II. Monnaie de la ville de Seine. — (Extr. du t. XX, 1850, pp. 25 et suiv. des *Mém. de la Soc. des Antiq. de France*, 18 p., vignettes. Paris, in-8°.)

37. Remarks on an unedited *mouton d'or* struck in Normandy by Henri V of England. — (Extr. du *Num. Chron.*, t. XII, pp. 6-19, pl. London, in-8°.)

38. Lettre à M. Lecointre-Dupont sur des monnaies normandes inédites. — (*Revue num.*, 1849, pp. 40-49, pl. II et III. Blois, in-8°.)

Nouveaux détails sur la monnaie de Normandie à propos des deniers trouvés en grand nombre en Angleterre.

1851.

39. Monnaies d'or des évêques français.— Annotation à la lettre XII du baron Marchant, pp. 121 et suiv. — (1 planche. Paris, in-8°.)

40. Notice sur les monnaies des empereurs grecs de la famille Paléologue. — Annot. aux lettres I et X (*Ibid.*, pp. 9 et suiv., et pp. 104 et suiv. 1 planche. Paris, in-8°.)

41. Liste alphabétique des Saints dont les noms figurent sur les monnaies et les méreaux du moyen âge. — (Extr. de l'*Annuaire de la Soc. des Antiq. de France*, pour 1851, pp. 254-264, séance du 19 novembre 1850.)

1852.

42. Observations sur une monnaie mérovingienne trouvée à Elseghem, près d'Audenarde. — (Extr. de la *Rev. num. belge*, 2e série, t. II, pp. 129-133. Bruxelles, in-8°.)

Ce tiers de sol qui porte NOVIENTO VICO FI est attribué par l'auteur à l'un des deux *Novéant* de Lorraine.

1854.

43. Observations sur quelques points d'un article intitulé : *Fragments de numismatique sénonaise.* — (*Rev. num.*, 1854, pp. 364-369. Blois, in-8°.)

1856.

44. Monnaie d'or de Raymon, comte de Barcelone. — (*Rev. num.*, 1856, pp. 63-67, vign. Paris, in-8°, 2e édition.)

Une note indique les ouvrages dans lesquels l'auteur a parlé des monnaies d'argent imitées par les chrétiens.

45. Quelques deniers de Pépin, de Carloman et de Charlemagne. — (*Ibid.*, pp. 180-189, pl. V.)

46. De l'S barré de Henri IV. Jetons et médailles qui s'y rapportent. — (*Ibid.*, pp. 268-276, pl. VIII.)

1857.

47. Supplément avec réponse à M. le baron Chaudruc de Crazannes. — (*Ibid.*, 1857, pp. 177-180, 2 vignettes.)

48. Monnaies de Louis XI frappées à Perpignan. — (*Ibid.*, pp. 165-173, pl. V.)

49. Recherches sur l'explication des monogrammes de quelques médailles inédites des derniers temps de l'empire d'Occident et de l'époque mérovingienne, par le marquis de Lagoy. Aix, 1856, in-4° avec une planche. — Compte rendu. — (*Ibid.*, pp. 299-300.)

50. Monnaies épiscopales de Strasbourg et de Constance. — (*Ibid.*, pp. 319-345, pl. IX et vignette.)

51. Monnaie d'argent de Philippe de Rouvres, duc de Bourgogne. — (*Ibid.*, pp. 451-456, vign.)

1858.

52. Explication de la légende des deniers frappés par Pons, comte de Toulouse (1037-1060). — (*Rev. num.*, 1858, pp. 71-76.)

53. Médaillon inédit de Grazia Nasi, œuvre du graveur Jean-Paul Poggini. — (*Ibid.*, pp. 89-104, 2 vign.)

54. Cent deniers de Pépin, de Carloman et de Charlemagne, trouvés près d'Imphy en Nivernais. — (*Ibid.*, pp. 202-262, pl. XI, XII, XIII.)

55. Deniers de Waïfre, duc d'Aquitaine. — Monétaires de Pépin et de Charlemagne. — (*Ibid.*, pp. 331-337, 3 vignettes.)

55bis. Fiertons. — (*Ibid.*, p. 424-425.)

56. Deniers de Corbie. — (*Ibid.*, pp. 426-431.)

57. *Stray leaves from the journal of a traveller in search of ancient coins*, par Pfister. — Compte rendu critique. — (*Ibid.*, pp. 478-480.)

57bis. Communication au sujet de la cassette de St-Louis. — (*Bull. de la Soc. des Antiq. de France*, p. 128, séance du 4 août.)

57ter. Noms d'officiers monétaires sur les deniers de l'époque carlovingienne. — (*Ibid.*, pp. 131-132, séance du 11 août.)

58. Inscription d'Uzerche, du XIe siècle, portant la mention d'un personnage désigné comme satrape, au Musée de Limoges. — (*Ibid.*, pp. 136-138, séance du 18 août, vign.)

58bis. Note sur les fibules cruciformes. — (*Ibid.*, pp. 165-166, séance du 7 novembre.)

1859.

59. *Histoire du jeton au moyen âge*, par Jules Rouyer et Eugène Hucher, 1e partie, 1858, in-8°, 17 planches. — Compte rendu critique. — (*Rev. num.*, 1859, pp. 199-208.)

59bis. Bulle d'argent d'un Raimond Bérenger, comte de Provence. — (*Bulletin de la Soc. des Antiq. de France*, p. 153, séance du 20 juillet.)

60. Note sur *Talau-moneta*. — (*Rev. num.*, 1859, pp. 311-312.)

61. Monnaies de Jean Galéaz, comte de Vertus en Champagne. — (*Ibid.*, pp. 380-392, pl. XVII et XVIII.)

62. Description de diverses monnaies baronales. — (*Ibid.*, pp. 453-463, pl. XXI.)

63. Bijou mérovingien trouvé à Cerdes. — (*Bull. de la Soc. des Antiq. de France*, p. 58, séance du 5 janv.)

64. Les couronnes d'or de Guarrazar. — (*Ibid.*, p. 68, séance du 2 févr.)

65. Sceau de l'orfèvre Métevin. (Sceau du XIIe siècle à légende française.) — (*Ibid.*, p. 128, séance du 15 juin.)

66. Inscriptions funéraires de chanoines de Metz. — (*Ibid.*, p. 144, séance du 6 juillet.)

1860.

67. Communication relative à l'histoire de Mantes. (*Comptes rendus de l'Acad. des Inscr.*, 1860, p. 108.)

68. Remarques sur quelques monnaies décrites dans un article de M. Carpentin sur *Quelques monnaies rares ou inédites de la Bibliothèque de Marseille*. — (*Rev. num.*, 1860, pp. 57-61, vign. Paris, in-8°.)

69. Denier d'Eberhard, évêque de Strasbourg. — (*Ibid.*, pp. 94-95.)

70. Addition à un article de M. Carpentin sur *Quelques monnaies des princes de la maison d'Anjou*. — (*Ibid.*, pp. 220-223, pl. X.)

71. De la monnaie de Dol en Bretagne. — (*Ibid.*, pp. 315-323, pl. XIV.)

72. Louis II et Angilberge. — (*Ibid.*, pp. 364-367, vign.)

73. Perkin Werbecque. — (*Ibid.*, pp. 384-395, pl. XVII.)

1861.

74. Monnaies du XIIe siècle découvertes près de Varzy, département de la Nièvre. — (*Rev. num.*, 1861, pp. 327-331, vign. Paris, in-8°.)

75. Le royal d'or de Saint-Louis. — (*Ibid.*, pp. 363-365, vign.)

76. Écu d'or de Charles, duc d'Orléans). — (*Ibid.*, pp. 451-457, vign.)

76bis. Note sur une monnaie des Lémovices, à propos d'une opinion fausse, soulevée par M. Th. Zebrawski. — (*Comptes rendus de l'Académie des Inscript.*, 1861, p. 25.)

1862.

77. Rectification numismatique : Besançon et Riga. — (*Rev. num.*, 1862, pp. 172-174.)

78. Monnayeurs français dans la Grande-Bretagne aux XIIe et XIIIe siècles. — (*Ibid.*, pp. 292-300.)

1863.

78bis. Monnaies du XIVe siècle. — (*Rev. num.*, 1863, pp. 78-79.)

79. Othbert, évêque de Strasbourg. — (*Ibid.*, p. 79. Paris, in-8°.)

79bis. Monnaie épiscopale de Novarre. — (*Ibid.*, p. 79-80.)

80. L'hommage de l'obole d'or à Moissac. — (*Ibid.*, pp. 134 140, vign.)

81. Douzains de Louis XIII. — (*Ibid.*, pp. 350-352, pl. XVIII.)

82. Jetons composés par Sully. — (*Ibid.*, pp. 425-450, pl. XXII.)

1864.

83. *Collection de plombs historiés trouvés dans la Seine et recueillis par Arthur Forgeais.* Paris, 1864, in-8°. — Compte rendu critique. — (*Rev. num.*, 1864, pp. 69-80, 15 vignettes. Paris, in-8°.)

84. Monnaies des rois de France frappées à Savone. — (*Ibid.*, pp. 205-211, pl. VIII et IX.)

85. Note sur l'ouvrage de M. Maggiora Vergano, intitulé : *Sovra d'una moneta inedita di Francesco I di Francia.* Asti, 1864, in-4°. — (*Comptes rendus de l'Acad. des Inscript.*, 1864, pp. 356-358.)

1865.

86. Monnaies de Charles VI, frappées à Gênes. — (*Rev. num.*, 1865, pp. 178-181, 2 vignettes. Paris, in-8°.)

87. Monnaie de Sidon, au XIIe siècle. — (*Ibid.*, pp. 317-321.)

1866.

88. De quelques imitations de la monnaie française du XIVe au XVIIe siècle. — Monnaies des abbés de Saint-Honorat de Lérins. — (*Rev. num.*, 1866, pp. 453-472, pl. XVIII et XIX. Paris, in-8°.)

89. Inscription métrique du XIIe siècle. — (*Rev. archéol.*, n. s., t. XII, 1866, pp. 41-49.)

90. Monument de Marguerite de France, dans les *Collections célèbres d'œuvres d'art*, par E. Lièvre, 2e partie, livraison 18, pl. XCIV. Paris, in-folio.)

90bis. Communication au sujet des stigmates de S. François d'Assise. (*Comptes rendus de l'Acad. des Inscript.*, 1866, p. 290.)

91. Transcription et discussion d'une inscription funéraire du goth Witiza, fils de Théodered. — (*Bull. de la Soc. des Ant. de France*, 1866, pp. 121-123, séance du 18 juillet.)

1867.

92. Observations sur un médaillon italien du XVe siècle, découvert à Orléans dans une tombe; et à ce sujet, remarques sur l'impropriété du mot *avers*. — (*Ibid.*, 1867, p. 133, séance du 21 août.)

93. Rectifications numismatiques. — (*Rev. num.*, 1867, pp. 77-79. Paris, in-8°.)

93bis. Monnaie de Carpentras. — (*Ibid.*, pp. 156-158.)

94. Denier de Philippe-Auguste, frappé à Issoudun. — (*Ibid.*, pp. 215-218, vign.)

95. Deniers du comte Hugues, frappés à Lyon au milieu du Xe siècle. — (*Ibid.*, pp. 446-451, 2 vignettes.)

96. Un document relatif aux monnaies coupées. — (*Ibid.*, pp. 493-494.)

1868.

97. Yolande, comtesse d'Anjou et de Provence, reine régente de Naples. — (*Rev. num.*, 1868, pp. 103-115. Paris, in-8°.)

98. Poids de bronze. — (*Ibid.*, pp. 136-137.)

99. Monnaie romaine de Charles Ier d'Anjou.— (*Ibid.*, pp. 137-140.)

100. Monnaies de Charles le Chauve et de Pépin, roi d'Aquitaine. — (*Ibid.*, pp. 188-200, pl. IV.)

101. Monnaie de l'abbaye de Prüm. — (*Ibid.*, pp. 230-231.)

101bis. Méreaux des procureurs. — (*Ibid.*, pp. 234-236.)

102. Monnaies de Charles VI et de Charles VII, rois de France, frappées à Gênes. — (*Ibid.*, pp. 272-284, pl. VIII et IX.)

103. Deniers de Charlemagne trouvés près de Sarzana. — (*Ibid.*, pp. 345-356, pl. XIV.)

103bis. Le mot *avers*. — (*Ibid.*, pp. 396-398.)

104. Denier du Puy portant le nom du roi Raoul. — (*Ibid.*, pp. 398-400.)

105. Numismatique byzantine. Les deux Gabalas, Léon et Jean seigneurs de Rhodes, au XIIIe siècle. — (*Ibid.*, pp. 446-452, 2 vignettes.)

105bis. Vente de la collection de M. Dassy. — (*Ibid.*, pp. 485-490, pl. XVIII, XIX et XX.)

1869.

106. Louis d'Outremer en Normandie; trouvaille d'Évreux. — (*Rev. num.*, 1869, pp. 71-85, pl. IV et V. Paris, in-8°.)

107. Examen de diverses monnaies italiennes attribuées à Mlle de Montpensier. — (*Ibid.*, pp. 115-123.)

107bis. Le pentanoumion byzantin. — (*Ibid.*, pp. 268-269.)

108. Amédée de Saluces, administrateur des diocèses de Valence et de Die. — (*Ibid.*, pp. 414-418, vign.)

1870.

108bis. Note sur une bague d'or mérovingienne.— (*Comptes rendus de l'Acad. des Inscript.*, 1870, pp. 316-318.)

1872.

109. Capsule d'argent travaillée au repoussé. — (*Comptes rendus de l'Acad. des Inscript.*, 1872, pp. 141-142.)

1873.

110. Note sur un poids de plomb trouvé à Ermenonville. – (*Comité archéol. de Senlis*, t. IX, pp. 65-67.)

1874.

111. Denier inédit du roi Raoul. — *Comptes rendus de l'Acad. des Inscript.*, 1874, pp. 161-166. – (*Rev. num.*, 1874, pp. 72-79, vign. Paris, in-8°.)

112 Le Jocondale. – (*Rev. num.*, 1874, pp. 110-112.)

Nom français du Ioachimsthaler ou écu de Saint-Joachim.

113. Alfonse de Portugal, comte de Boulogne. — (*Ibid.*, pp. 141-150, vign.)

113bis. Ducat d'or de Borso, marquis d'Este. – (*Ibid.*, pp. 174-179, 2 vignettes.)

114. Le graveur Jean Clavet. – (*Ibid.*, pp. 179-180.)

115. *Inscriptions de la France du Ve au XVIIIe siècle, recueillies et publiées par M. F. de Guilhermy, t. Ier, ancien diocèse de Paris*, planches. – Compte rendu critique. – (*Journal des Sav.*, 1er article, pp. 592-615; 2e article, pp. 646-674. Paris, in-4°.)

Le second article contient le *Corpus* des inscriptions hébraïques du Parisis.

1875.

116. *Le livre des mestiers*, dialogues français-flamands composés au XIVe siècle par un maître d'école de la ville de Bruges, publié par Michelant. Harlem, in-4°. — Compte rendu critique. — (*Journal des Savants*, pp. 649-659. Paris, in-4°.)

117. Sur la découverte de la sépulture de Guillaume de Ros, abbé de Fécamp. - (*Comptes rendus de l'Acad. des Inscript.*, 1875, p. 286 et pp. 306-309.)

118. Sceaux de la Ferté-sous Jouarre. — (*Almanach de Seine-et-Marne*, pp. 120-125, vign. Meaux, in-12.)

1876.

119. Les Pontmolain de Coulommiers. — (*Almanach de Seine-et-Marne*, pp. 118-126. Meaux, in-12.)

120. La délivrance d'Ogier le Danois, fragment d'une chanson de geste. — (*Journ. des Sav.*, avril 1876, pp. 219-234. Paris, in-4°.)

Transcription d'un fragment inédit d'un manuscrit du XIVe siècle conservé à la bibliothèque municipale de Saint-Germain-en-Laye.

121. *Histoire numismatique du règne de François Ier, roi de France*, par F. de Saulcy, vignettes, in-4°. — Compte rendu critique. — (*Ibid.*, pp. 310-320.)

122. Le louis de cinq sols. — *L'origine, le scopo e le vicende del luigino coniato dalla zecca nella seconda metà del secolo XVII, discorso letto alla R. Accademia lucchese di scienze, lettere ed arti, dal Socio ordinario Domenico Massagli.* Lucca, 1876, in 8°. — Compte rendu critique. — (*Ibid.*, 1er article, oct., pp. 593-615; 2e article, nov., 1876, pp. 674-687.)

1877.

123. Quelques seigneurs de Laulnoy-Regnault et de Replonge-en-Brie aux XVe et XVIe siècles. — (*Almanach de Seine-et-Marne*, pp. 142-150, vign. Meaux, in-12.)

124. Le *missorium* de Geilamir, roi des Vandales. — (*Journ. des Sav.*, 1877. Paris, in-4°, pp. 750-755.)

Réimprimé avec additions, deux planches et vignettes dans la *Gazette archéol.* de 1879, pp. 53-60. Paris, in-4°.

1878.

125. Observations sur un méreau, frappé pour la collégiale de Saint-Paul à Saint-Denis en France. — (*Comptes rendus de l'Acad. des Inscript.*, 1878, p. 147.)

Notice plus développée dans la *Rev. archéol.*, année 1878.

1880.

126. Notification numismatique. — *Comptes rendus de l'Acad. des Inscript.*, 1880, pp. 346-348.)

126bis. Un joyau littéraire. — (*Journal des Savants*, 1881, pp. 620-628, 3 vignettes.)

D. — MÉLANGES.

1848.

1. M. de L. est chargé par la Société des Antiquaires de France de proposer un nouveau coin pour les jetons de présence (*Annuaire de la Soc. des Antiq. de France* pour 1849, séances du 20 mars, p. 104, et du 10 avril, pp. 107-108). Il propose d'adopter la tête de Montfaucon (1655-1741), d'après le dessin contemporain par Duvivier, et de confier l'exécution des coins à M. Depaulis. Cette proposition est votée. — (*Annuaire de la Société des Antiquaires de France*, pour 1849, p. 127, séance du 19 juillet 1848.)

1850.

2. *Notice des monuments exposés dans la salle des antiquités américaines* (*Mexique et Pérou*) *au Musée du Louvre*. — (Cf. *Rev. arch.*, t. VII, 1re partie, pp. 315-319.)

1852.

Seconde édition avec supplément. Paris, in-8°.

1858.

3. M. de L. communique divers objets antiques recueillis dans la Sierra-Nevada de Sainte-Marthe à la Nouvelle-Grenade par M. Schlim, naturaliste. — (*Bull. de la Soc. des Antiq. de France*, p. 47, séance du 10 février.)

1867.

4. Visite à l'Exposition mexicaine. Exposé du système de notation chronologique. Comparaison de quelques vases de terre avec ceux que M. Fouqué a rapportés de Santorin. — (Extr. des *Comptes rendus* de la 2e session du *Congrès international d'anthropologie et d'archéologie préhistoriques* qui s'est réuni en 1867, à Paris, pp. 230-236, 3 vignettes.)

1873.

5. Notice sur cinq inscriptions trouvées dans l'île de Pâques. — (*Comptes rendus de l'Acad. des Inscript.*, 1873, p. 14 et pp. 151-155.)

1880.

6. Note sur un vers latin. — (*Journ. des Sav.*, octobre, 1880, pp. 600-609. Paris, in-4°.)

Note additionnelle. — M. de Longpérier, en sa qualité de membre de l'Institut, a rédigé de très nombreux rapports au nom des commissions des prix de Numismatique et des Antiquités de la France, du prix Fould, des questions de concours, etc.

En sa qualité de président de l'Académie des Inscriptions pour l'année 1867, M. de Longpérier a prononcé le discours d'usage. Il a prononcé également des discours aux funérailles de trois membres de l'Académie, décédés dans le cours de cette année (1867) : M. Munck, M. Reinaud et M. le duc de Luynes.

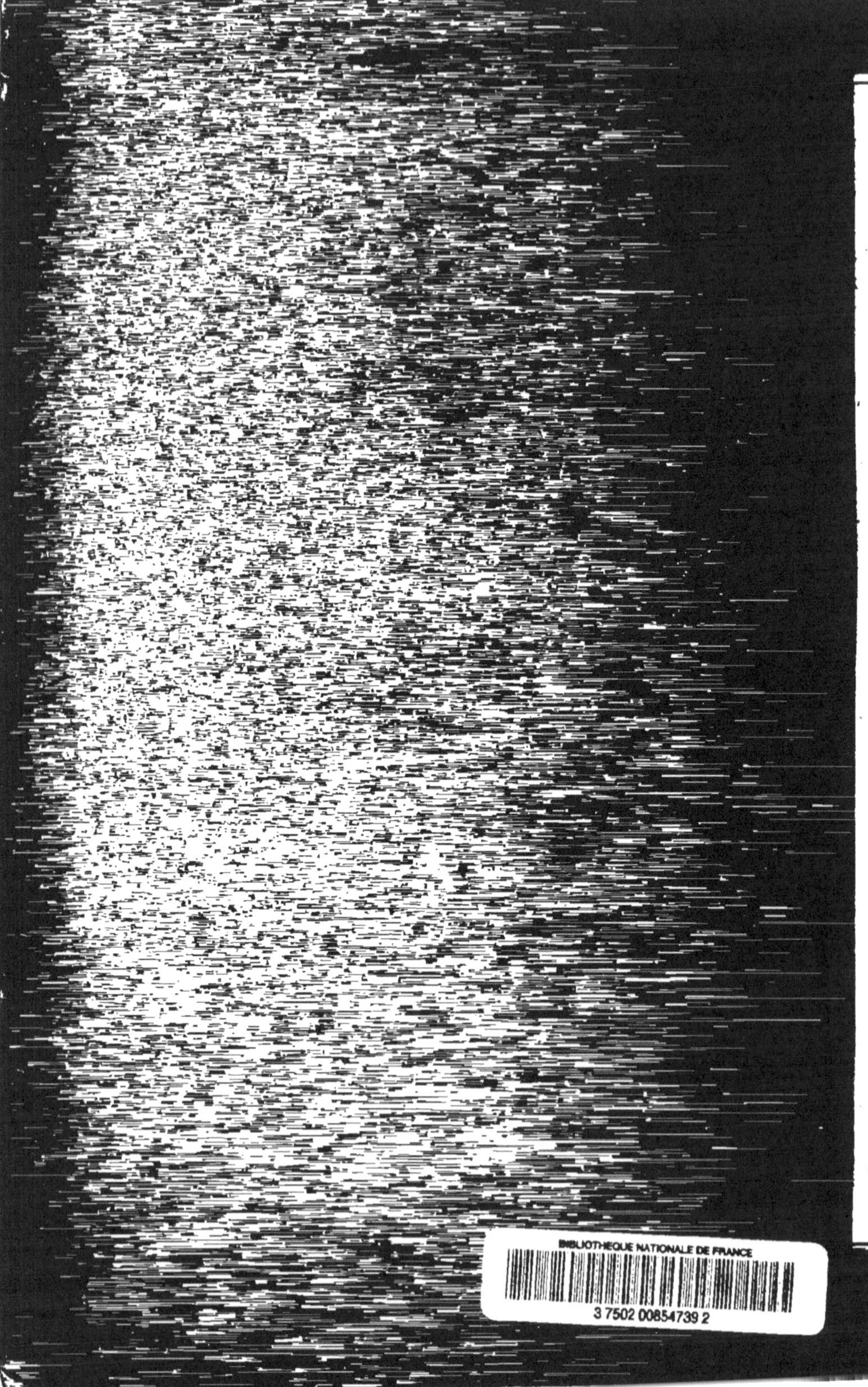

www.ingramcontent.com/pod-product-compliance
Lightning Source LLC
LaVergne TN
LVHW020437230826
846091LV00004B/1523
* 9 7 8 2 0 1 1 9 2 7 5 2 1 *